KB138123

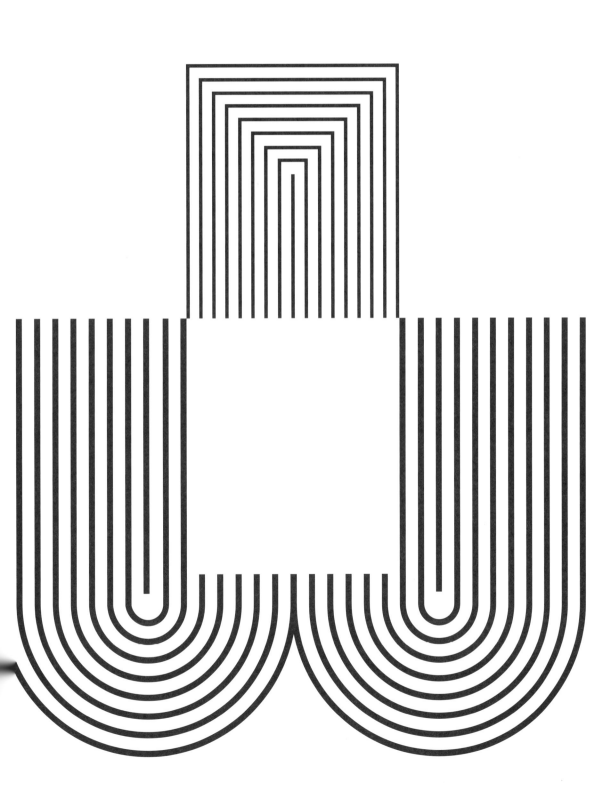

Obra Architects, *Perpetual Spring*, 2019

씨엘쓰리, 〈전환기의 황제를 위한 가구〉, 2019

CL3, *Furniture for an Emperor in Transition*, 2019

서문

국립현대미술관은 올해 개관 50주년을 맞아 새로운 도약을 꿈꾸고 있습니다. 따라서 열린 미술관을 지향하며 하나의 전환점을 기대하기도 합니다.

《덕수궁 – 서울 야외 프로젝트: 기억된 미래》는 우리 미술관과 문화재청의 협약에 의한 전시사업으로 대중적 호응을 높게 받고 있습니다. 역사의 현장 덕수궁과 국립현대미술관 서울 마당을 화려하게 수놓는 창작품들로 한결 더 돋보일 것입니다.

이번 프로젝트는 국내외 건축가들이 참여하며 '공간'을 재해석하고 각각 개성적인 입체작품들을 선보입니다. 건축과 미디어의 관계를 가상의 포털로 표현한 스페이스 파퓰러, 전환기의 황제를 위한 움직이는 가구를 만든 CL3, 다채로운 빛의 그림자로 연향을 연출한 OBBA, 덕수궁을 상승된 시야로 조망할 수 있는 현대적 망루를 설치한 뷰로 스펙타큘러, 기후와 환경의 이슈에 화두를 던지는 오브라 아키텍츠까지 예술과 건축의 경계를 넘나드는 흥미로운 작품들이 소개됩니다. 근대 유산과 다양한 형태의 건축 실험이 만나 관람객들에게 즐거운 경험을 선사할 것입니다.

본 프로젝트에 참여하신 건축가들의 노고에 감사 말씀을 드리며, 이번 전시를 공동 주최한 문화재청 덕수궁관리사무소 여러분께 감사 인사를 드립니다. 앞으로도 국립현대미술관과 덕수궁의 두터운 협력을 기대하고자 합니다.

2019년 9월
윤범모
국립현대미술관장

PREFACE

In celebration of the 50th anniversary of the opening, the National Museum of Modern and Contemporary Art, Korea is dreaming of a new leap. We also anticipate a turning point as we look to become more open.

Architecture and Heritage: Unearthing Future, an exhibition project based on the agreement between MMCA and the Cultural Heritage Administration, has been met with a warm welcome by the public. The historic site Deoksugung Palace and the MMCA Seoul will shine and be adorned with wonderful creations.

In this project, international architects reinterpret 'space' of these heritages and present unique multi-dimensional pieces. Interesting architectural installations that cross the boundary of art and architecture are on display: the relationship between architecture and media explored through a virtual portal by Space Popular, the moving furniture for the Emperor of the transitional times by CL3, restaging of historical *yeonhyang* decorated with ornate shadows of light by OBBA, a modern *mangru* offering an elevated viewpoint of Deoksugung by Bureau Spectacular, and a pavilion to stimulate conversations on climate and environmental issues by Obra Architects. Modern heritage and architectural experiments of diverse forms come together to provide the audience with a joyful experience.

I offer a word of gratitude for the hard work of the architects taking part in this project, as well as everyone at the Deoksugung Palace Management Office, Cultural Heritage Administration, who co-organized the exhibition with us. I look forward to a continuing collaboration between MMCA and Deoksugung in the future.

September 2019
Youn Bummo
Director, National Museum of Modern and Contemporary Art, Korea

인사말

뜨거운 한낮에도 언뜻언뜻 서늘한 기운이 스며드는 초가을,《덕수궁 - 서울 야외 프로젝트: 기억된 미래》의
막을 엽니다.

《덕수궁 프로젝트》는 궁궐 안에 현대미술 작품을 전시하는 흥미로운 기획으로 2012년과 2017년
두 차례 열려 국민들의 많은 사랑과 관심을 받았습니다. 이에 힘입어 지난해 문화재청과 국립현대미술관은
덕수궁 프로젝트의 격년 개최를 정례화하는 협약을 맺었습니다. 이번《덕수궁 - 서울 야외 프로젝트: 기억된
미래》는 그 협약의 첫 결실이라는 점에서 더 뜻깊다 할 수 있겠습니다.

올해는 고종황제 서거와 3.1운동 100주년이 되는 해입니다. 그 역사적 사건의 중심에 있었던 이 곳
덕수궁에, 대한제국 시기에 가졌던 미래 도시를 향한 꿈을 현대 건축가들이 재해석하여 형상화한 작품들을
전시합니다. 《덕수궁 - 서울 야외 프로젝트: 기억된 미래》는 우리 모두에게 과거를 반추하고, 현재를 직시하며,
우리가 창조할 새로운 미래를 그려볼 수 있는 기회가 될 것이라 기대합니다.

끝으로 이 특별한 전시를 위해 애써주신 국립현대미술관과 덕수궁 관계자, 그리고 훌륭한 작품으로
참여해주신 작가 여러분께 감사 말씀 드립니다. 각 분야 사람들이 협력해 준비한 이번 덕수궁 프로젝트가
국민 여러분께 큰 감동을 주는 전시회가 되기를 바랍니다.

2019년 9월
정재숙
문화재청장

FOREWORD

This early fall with the heat of the day calmed by occasional cool moments, we draw the curtains on *Architecture and Heritage: Unearthing Future*.

    Architecture and Heritage is an intriguing idea of exhibiting contemporary art inside a palace, and the two iterations formerly titled *Deoksugung Project* in 2012 and 2017 were received with warm welcome and attention. Encouraged by the reception, the Cultural Heritage Administration and the National Museum of Modern and Contemporary Art, Korea entered into an agreement last year to formalize holding of the Deoksugung Project every other year. This year's edition *Architecture and Heritage: Unearthing Future* is even more meaningful as the first fulfillment of the agreement.

    This year celebrates the centenary of Emperor Gojong's death and the March First Independence Movement. At Deoksugung Palace that was at the center of the historical events, the artworks by contemporary architects that reinterpret and materialize the Korean Empire's dream for the future city are on display. *Architecture and Heritage: Unearthing Future* invites us to contemplate the past, look straight at the present, and imagine a new future.

    I close with special thanks to the people at MMCA and Deoksugung who worked hard on this special exhibition, and to the architects who contributed great work. I hope that visitors will find delight in this iteration of Deoksugung Project, accomplished by collaboration among many people.

September 2019
Chung Jae-suk
Administrator, Cultural Heritage Administration, Korea

뷰로 스펙타큘러, 〈미래의 고고학자〉, 2019

Bureau Spectacular, *Future Archaeologist*, 2019

스페이스 파퓰러, 〈밝은 빛들의 문〉, 2019

Space Popular, *Gate of Bright Lights*, 2019

오비비에이, 〈대한연황〉, 2019

OBBA, Daehan Yeonhyang, 2019

기억된 미래

이지회

국립현대미술관 서울 그리고 덕수궁, 두 개의 분관은 유동 인구가 많은 서울 도심의 중요한 지리적 위치에 자리하고 있다. 번잡한 도시의 현대적 마천루와 함께 공존하는 문화새 건축물들은 이곳이 오랜 시간 다저진 역사의 연속으로써 오늘날 우리의 기억에 관여하고 있음을 물리적으로 보여준다.

　　두 미술관과 맞닿아 있는 종친부 터와 덕수궁은 근대화와 국제 관계의 시작이라는 시대적 숙명에 대응하던 방식을 드러내는 특별한 장소이다. 국립현대미술관 서울의 개관과 함께 복원된 종친부의 경근당과 옥첩당은 1867년 흥선대원군이 왕권을 강화하는 구실로 건립했던 모습을 따르고 있는데, 이는 개항의 시대에 혼란을 겪은 주변국과의 관계와 무관하지 않다. 1897년 대한제국을 선포하며 열강과 어깨를 나란히 하고자 하였던 황궁으로써의 덕수궁은 석조전과 서양식 정원 등 근대국가의 모습을 담기 위한 노력의 흔적이 남겨져 있다.

　　이 두 공간을 연결하는 프로젝트를 맡으며 했던 질문은 꿈틀대는 근대의 태동이라는 장소의 역사성이 오늘날 우리에게 과연 어떤 의미를 지닐까였다. 올해는 고종황제의 서거, 이로 인해 발발한 3.1운동, 대한민국 임시정부가 수립된 지 100주년이 되는 해이다. 임시정부는 자주적 근대국가로서의 대한제국을 계승한 민국으로 대한민국을 바라보았으며, 그렇기에 제국의 황실을 존중했다.[1] 오늘날 대한제국에 관한 학계의 평가와 해석은 엇갈리지만, 건조 환경으로 존재하는 역사적

1　임시정부 의정원 신석원 의원이 "대한문 앞에서 광무제 (고종황제)의 죽음을 애도하던 만세의 함성으로 새 나라를 세우려 하고 있으며, 그 나라는 대한제국을 계승하는 민국으로 대한민국이라 이름해야 한다"고 한 기록이 있으며, 임시정부 제1차 강령 제7조에 구황실을 존중한다고 밝혔다. 이태진, "대한제국을 보는 시각", 「대한제국: 잊혀진 100년 전의 황제국」, 국립고궁박물관 엮음, (서울: 국립고궁박물관: 민속원, 2011), 40-41.

UNEARTHING FUTURE

LEE JIHOI

MMCA Seoul and MMCA Deoksugung, two branches of the National Museum of Modern and Contemporary Art, Korea, are in geographically important locations in the center of Seoul with high population flow. The historic architectures in the midst of modern skyscarpers of crowded city manifest themselves as continuation of long-standing history, contributing to our memories of the place.

Next to the two museums, the former site of the Office of the Royal Genealogy and Deoksugung Palace, are special places that show the way in which they faced the fates of the epoch; modernization and international relations. Restored when MMCA Seoul opened, Gyeonggeundang and Okcheopdang Halls in the Office of the Royal Genealogy appear as they did when Heungseon Daewongun built them with the pretext of strengthening the King's power in 1867, and this is not unrelated to the relationships with neighboring countries in the confounding times of open ports. As the imperial palace of the Korean Empire that attempted to stand squarely next to the powers with the declaration of the empire in 1897, Deoksugung preserves the efforts to encompass the images of the modern nation in Seokjojeon Hall and the western gardens.

The question I asked myself when starting this project that connects the two spaces was what meaning the historicity of germinating modernism at these places could have for us who live today. This year marks the centenary of the death of Emperor Gojong, the ensuing March First Independence Movement, and the foundation of Provisional Government of the Republic of Korea. The provisional government saw Korea as the republic that inherited the Korean Empire as an independent, modern nation, and

증거들은 비록 단명한 황국일지언정 전진적 개혁의 면모가 있었음을 알려준다. 산업혁명이 싣고 온 제국주의의 역학으로 작동하던 국제 관계 속에서 나름의 돌파구를 찾아 미래를 꿈꾸었던 것이다.

2 홍순민, 「광무 연간 전후 경운궁의 조영 경위와 공간구조」, 『서울학연구』 40 (2010): 31.

구본신참(舊本新參)을 원칙으로 한 광무개혁(1897-1904)으로 황실은 역사를 근본 삼아 새로운 문물을 수용하고자 했던 의지를 표명했다. 이 무렵 덕수궁을 다시 지으며 동서양의 건축이 한 데 이우리졌고, 기로를 재정비하고 독립문과 파고다 공원을 건설하는 등 도시 구조를 근대적으로 재편했다. 논쟁의 여지가 있지만 이러한 개혁의 중심에서 고종은 새로운 시대를 위한 도시 설계자로서의 역할을 하지 않았을까 상상해본다.

국립현대미술관과 덕수궁관리소가 공동주최하는 《덕수궁 - 서울 야외 프로젝트: 기억된 미래》는 일제 침략으로 충분히 꽃피우지 못했던 그의 노력을 기리며, 현대적 건축 언어로 과거와 미래를 연결하는 작품들을 선보인다. 개항과 근대화의 격변기를 공유했던 아시아에서 활동하는 건축가들에게 작품을 의뢰하였고, 덕수궁 및 서울관 야외 공간의 역사적 배경과 독특한 공간의 특성을 바탕으로 설치 작업을 시도하여 우리의 근대 유산의 의미를 되짚어 보기 위해 기획됐다.

덕수궁 안에서 가장 먼저 만나게 되는 스페이스 파퓰러(라라 레스메스, 프레데릭 헬베리)의 〈밝은 빛들의 문〉은 궁의 사적 영역인 내전으로의 통로가 되던 광명문에 설치되었다. 일제 지하 1931년 이루어신 공원화 사업으로 인해 궁궐 내 담장과 문들이 허물어졌는데, 이 때 광명문도 궁의 남쪽 구석으로 이전되어 본 기능을 다하지 못했다. 지난 해 원래 위치로 복구되어 마침내 궁궐 내 구분된 권역을 조금 더 물리적으로 인식할 수 있게 되었다.

스페이스 파퓰러는 광명문의 이름과 같이 밝은 빛을 발하는 디지털 스크린을 문의 중앙 출입구에 설치하는데, 이는 가상의 공간으로 들어가는 포털이 되어 전통 건축부터 테크니컬러 텔레비전 스튜디오, 오늘날의 채팅방까지 시공간을 넘나드는 초현실적 세계를 보여준다. 웅장한 지붕과 화려한 처마 등으로 대표되는 궁의 건축 장식은 공명정대한 통치라는 이상을 백성들에게 전달하는 일종의 대중 매체의 기능을 했다. 그러나 모더니즘 건축은 더 이상 장식적 소통을 하지 않았고, 매체의 발달은 곧 건축의 형태에도 영향을 미쳤다. 건축가들은 소통의 창구로 탄생한 다양한 가상의 공간을 다루며 디지털 스크린 시대의 건축의 역할에 대해 질문한다.

광명문을 지나 내전으로 들어가면 고종의 거처이자 고위 관원들과 국정을 논의하는 곳으로 쓰이던[2] 함녕전이 등장한다. 그 권역 내 씨엘쓰리(윌리엄 림)의 〈전환기의 황제를 위한 가구〉들이 배치되어 있다. 함녕전은 대한제국 선포 후 가장

thus respected the imperial family of the empire.[1] Today the academic interpretation and assessment of the Korean Empire are not in unison, but historical evidences in the built environment show that even though the empire was short-lived, there definitely was an aspect of progressive innovation. It was a dream of the future in search of a way through the web of international relationships operated by the dynamics of imperialism brought on by the Industrial Revolution.

Through Gwangmu Reform (1897–1904) based on the principle of creating the new based on the old (*Goo-bon-shin-cham*, 舊本新參), the imperial family made clear the determination to embrace the new culture. As Deoksugung was rebuilt around this time, architecture of the East and the West were incorporated together, and the city structure was modernized with overhauled streets and newly constructed Dongnimmun Gate and Pagoda Park. Although there is a room for debate, at the center of this reform, Emperor Gojong must have played the role of urban designer for the new era.

Architecture and Heritage: Unearthing Future, co-organized by MMCA and Deoksugung Palace Management Office, honors Emperor Gojong's efforts that could not reach a full blossom because of the Japanese occupation, and presents works that connect the past and the future with the language of contemporary architecture. The commissions went to architects active in the Asia region that shares the tumultuous time of open ports and modernization. The installations based on the historical setting and unique spatial characteristic of Deoksugung and the outdoor space of MMCA Seoul are attempts to probe the meaning of our modern cultural heritage today.

Gate of Bright Lights by Space Popular (Lara Lesmes and Fredrik Hellberg), the first piece that you meet in the Deoksugung, is installed at Gwangmyeongmun Gate that served as the passage into the inner palace, the private zone. When the Japanese colonial rule transformed the palace into a park in 1931, fences and gates of the palace were largely broken down. During this time, Gwangmyeongmun was moved to the south corner of the palace, thus could not serve its intended purpose. It was finally restored to its original location last year, making the distinguished compartmentalization of the palace more physically recognizable.

Space Popular installed a light-emitting digital screen, just like the name of the Gwangmyeongmun, in the middle entrance of the gate. This becomes a portal that leads to the virtual space and shows a surreal world that crosses space and time, encompassing traditional architecture, technicolor television studio, and today's mobile chat rooms. The architectural ornaments such as grand roofs and ornate eaves played the role of mass media that conveyed the ideal of fair and just governance to the people. However, the modernist architecture stopped communicating through ornaments, and the advancement of the media soon affected the architectural forms. The architects question the role of the architecture in the era of digital screen, manipulating the virtual spaces as communicative portals.

1   Shin Seokwon, a member of the provisional parliament is on the record to have said "a new country is about to be erected with the exclaims of independence that lamented the death of Gwangmu Emperor (Emperor Gojong) in front of the Daehanmun Gate, and the new county shall be called the Republic of Korea as the republic that inherits the Korean Empire," and the article 7 of the first doctrine of the provisional government made the respect for the old imperial family clear. Lee Tae-jin (이태진), "대한제국을 보는 시각", 「대한제국: 잊혀진 100년 전의 황제국」, 국립고궁박물관 엮음, (서울: 국립고궁박물관: 민속원, 2011), 40-41.

먼저 완공된 전각 중 하나다. 초기에는 황제의 진하 등의 행사를 치르던 법전에 해당하는 기능을 담당하였다[3]는 기록이 있으나, 큰 행사를 치르기에는 공간이 협소했다 여겨진다. 이후 함녕전은 주로 황제의 침전 역할을 하며 궁궐 내 가정의 영역으로 자리 잡았다.

'전환'은 씨엘쓰리가 함녕전 안뜰에 바퀴달린 가구들을 설치하는데 중요한 개념이었다. 이 장소에 머물던 황세가 직면한 과제이기도 했지만, 이동성과 진위, 이주의 이슈는 오늘날 우리에게도 울리기 때문이다. 아시아 도시에서 쉽게 찾을 수 있는 손수레, 황제를 모시던 가마, 샤를로트 페리앙의 라운지체어 등 다양한 문화적 레퍼런스들을 섞어 불안정한 시대의 태도를 제안하고 있다.

내전에서 나와 서쪽으로 발을 옮기면 덕수궁의 핵심 정전인 중화전이 나온다. '중화'는 중용에서 유래했고, '중화를 지극히 하면 천지가 제자리에 있고 만물이 잘 길러진다'는 의미로 복잡하게 얽혀 있는 세계 질서 속에 대한제국이 당당하게 자리 잡겠다는 의지가 담겨있다.[4] 오비비에이(이소정, 곽상준)의 〈대한연향〉은 중화전 앞 조정의 박석 위에 고루 퍼진 열 개의 투명한 그늘막으로 서있다.

오비비에이는 1902년 중화전의 건립과 함께 열린 고종 즉위 40주년 축하 연향의 기록화에서 엿볼 수 있는 자신감과 포부에 주목했다. 중건 후 2년 만에 화재로 소실되어 재건되는 과정에서 중화전은 이층 지붕에서 단층으로 규모가 축소되었고, 러일전쟁에서 승리한 일본은 대한제국의 외교권을 박탈했기에 이 장소가 실제 정전으로 사용된 기간은 매우 짧다. 비록 비운의 기억이 되어버린 장소일지라도 건축가들은 한 때 화려하게 꾸었던 꿈과 연회의 모습을 지속시키려 했다. 그렇게 중화전 앞에 바람과 빛의 움직임에 따라 생동하는 오색반사필름의 무지갯빛 향연을 연출한 것이다.

중화전에서 비스듬한 축으로 형성된 서양식 정원의 남단에는 뷰로 스펙타큘러(히메네즈 라이)의 〈미래의 고고학자〉라 이름한 현대적 망루가 서 있다. 아편전쟁 이후의 상해[5]나 메이지 시대의 동경[6]의 도시 풍경에서도 이미 근대 국가라는 정체성과 야망이 신고전주의 양식의 건축으로 드러났다. 러시아 영사관에서 대한제국을 준비했던 고종이 덕수궁으로 환궁하면서 가장 처음 기획했던 것 역시 그리스 신전을 모태로 하고 있는 팔라디오 스타일 석조전이었고, 이와 함께 고전적 비례와 대칭을 가진 프랑스식 정원[7]이 조성되었다.

이곳에 일종의 폴리처럼 자리한 계단형 구조는 르 코르뷔지에의 메종 돔-이노처럼 바닥이 지면에서 자유롭게 분리되는 형태를 모티브로 하고 있다. 뷰로 스펙타큘러는 지면과의 관계에 시간성을 더해, 마치 고고학자가 과거를 이해하기

3 『고종실록』권 38, 고종35년 (1989, 광무2) 10월 3일(양력).
4 안창모, 『덕수궁, 시대의 운명을 안고 제국의 중심에 서다』 (서울: 동녘, 2009), 142.
5 Cary Y. Liu, "Encountering the Dilemma of Change in the Architectural and Urban History of Shanghai," Journal of the Society of Architectural Historian, Vol. 73, no. 1, (March 2014): 118-136.
6 William H. Coaldrake, Architecture and Authority in Japan (New York: Routeledge, 1996), 208.
7 김정남 외 다수, 『석조전 대한제국 역사관 전시도록』 (서울: 문화재청 덕수궁관리소, 2015), 108-111.

Entering the inner palace past the Gwangmyeongmun, we come to Hamnyeongjeon Hall, Emperor Gojong's residence and a place to discuss state affairs with the high-ranking officials.[2] Arranged throughout its courtyard is *Furniture for an Emperor in Transition* by CL3 (William Lim). Hamnyeongjeon is one of the very first palace buildings completed after the Korean Empire was declared. There are records that it hosted imperial celebrations at the beginning[3], but the space must have been deemed too small for big events. Later, Hamnyeongjeon mainly served as the bedchamber of the Emperor, establishing itself as the realm of the domesticity inside the palace.

'Transition' was an important concept for CL3 for its installation of wheeled furniture in the courtyard of Hamnyeongjeon. Not only because it was a task facing the Emperor who resided here, but also because the issue of mobility, transposition, and migration resonate with us today. With various cultural references such as pushcarts that can easily be seen in Asian cities, a palanquin for the Emperor, and the lounge chair by Charlotte Perriand all combined together, the series of furniture suggest an attitude for the era of instability.

Exiting from the inner palace and heading towards the west, you come to Jungwhajeon Hall, the central building of Deoksugung. '*Jungwha*' originates from *jungyong* (中庸), meaning 'moderation', and connotes 'when pursuing *jungwha*, the sky and the earth are in their place and all creations grow well.' It showcases the will power to resoundingly establish the Korean Empire in the complex world order.[4] *Daehan Yeonhyang*, composed of ten translucent canopies, by OBBA (Lee Sojung and Kwak Sangjoon) stands on the pavement stones of the yard in front of Jungwhajeon.

OBBA focused on the confidence and ambition that can be glimpsed from the documentary painting of the *yeonhyang* held when Jungwhajeon was built in 1902, in celebration of the fortieth anniversary of the accession of the Emperor Gojong. Jungwhajeon was lost to a fire two years after completion, and in the process of restoration it was scaled back from a two-story building to a single-story. In the same year, Japan had won the Russo-Japanese War and taken away the diplomatic rights of the Korean Empire, which influenced in cutting short the time Jungwhajeon was used as the central place of the palace. Even though it became the place of misfortunate memories, the architects strove to make the scenes of colorful dreams and festivities last. The rainbow feast of the multi-colored films dancing with the motion of wind and light was thus created in front of Jungwhajeon.

At the south end of the western garden placed diagonally from Jungwhajeon stands a modern watchtower, titled *Future Archaeologist*, by Bureau Spectacular (Jimenez Lai). The identity and the ambition as a modern nation were already on display through the neo-classical architecture in the cityscape of Shanghai after the Opium Wars[5] or of Tokyo during the Meiji era[6]. Emperor Gojong prepared for the Korean Empire at the Russian Consulate, and upon his return to Deoksugung Palace, he planned first the Palladian-style Seokjojeon Hall that harkens back to Greek temples, as well as a French

2 Hong Soon-min(홍순민), 「광무 연간 전후 경운궁의 조영 경위와 공간구조」, 「서울학연구」 40 (2010): 31.

3 「고종실록」 권 38, 고종35년 (1989, 광무2) 10월 23일(양력).

4 Ahn Chang-mo(안창모), 「덕수궁, 시대의 운명을 안고 제국의 중심에 서다」 (서울: 동녘, 2009), 142.

5 Cary Y. Liu, "Encountering the Dilemma of Change in the Architectural and Urban History of Shanghai," Journal of the Society of Architectural Historian, Vol. 73, no. 1 (March 2014): 118-136.

6 William H. Coaldrake, Architecture and Authority in Japan (New York: Routeledge, 1996), 208.

위해 땅을 파듯 미래의 지면이 공중에 어느 기준선일 것이라 상상한다. 철근 구조로
솟은 이 망루 위에서 바라본 궁의 모습은, 아마도 석조전을 완공하고 처음으로 2층
베란다에서 상승된 시야로 조망하던 풍경을 마주한 시각적 충격과 닮았을 것이다.

    1919년 3월 1일 정오 무렵, 고종 황제의 장례식 참여를 위해 탑골공원에는
많은 사람들이 모였고 독립선언서가 배포되었다. 대한 독립 만세를 부르던 시위대는
덕수궁 대한문에서 집결해 여러 갈래로 나뉘어 행진을 벌였는데, 그 중 첫 번째
무리는 광화문 네거리 방향으로 나아가 경복궁을 향했다.[8] 《기억된 미래》 전시의
마지막 작품은 그 행진이 닿았을 법한 국립현대미술관 서울 미술관 마당에 설치된
오브라 아키텍츠(제니퍼 리, 파블로 카스트로)의 〈영원한 봄〉이다.

    건축가들은 100년전의 거리를 점유했던 사람들의 움직임이 봄의 생동하는
기후와 관련이 있다고 여겼다. 자유롭고 공정한 사회를 위한 움직임을 가능케
했던 쾌적한 날씨는 '프라하의 봄', '아랍의 봄'과 같이 인류 역사에서 일종의
시적인 은유로 작동한 것이다. 이들이 마당에 설치한 파빌리온은 가을,
겨울에 걸친 전시 기간 동안 봄의 온도 항상성을 유지하는 온실로 기능한다.
홈페이지(perpetualspring.org)를 통해 직접 사용 신청을 할 수 있는 통로를
열어두어 관객을 적극적 참여자로 소집한다.

    건축은 미래를 물리적 현재로 데려오는 기술이자 예술이다. 건축가들은 먼
미래를 상상하며 공간을 설계하고 실현한다. 그 공간을 사용하는 이들은 그렇게
미래를 경험하게 되고, 때문은 건축의 형태들은 곧 역사의 흔적이 된다. 건축은
또한 권위의 상징이다. 주권자의 가치 체계에 따라 공간의 위계와 장식이 결정된다.
중앙 집권에서 민중으로의 권력 이동은 우리가 인식하는 공간의 모습을 극적으로
바꾸었다. 전시에 참여한 다섯 건축가 팀은 각기 주어진 공간에 대한 독특한 건축
실험을 했다. 이들의 작품은 역사적 공간이 담고 있는 시간을 나름의 방식으로
다루며, 그 권력을 시험대에 올린다. 높고 낮음, 투명함과 막힘 사이를 오가면서
우리의 근대 문화 유산에 생동의 입김을 불어넣는다. 이번 전시를 통해 관람객은
현대 건축가들의 유연한 건축술이 살아있는 문화 유산을 만났을 때 일어나는 여러
감각을 경험하게 될 것이다. 더불어 유구한 역사의 현장 속에서 작품들이 그려내는
새로운 풍경을 조우하고 그 특별한 시공간을 함께할 수 있기를 기대한다.

8 김정인, 「1919년 3월 1일
만세시위, 연대의 힘」,
『역사교육』 147 (2018):
393-394.

Lee Jihoi

garden[7] with classical proportions and symmetries.

The step structure, which could be considered a *folly* as typology, takes its motif after Le Corbusier's *Maison Dom-Ino*, from the form where the floors freely detached from the ground. Bureau Spectacular adds the dimension of temporality to the relationship with the ground and imagines that the future surface of the earth would be somewhere in the air, like an archaeologist digs the earth to understand the past. The view of the palace from the top of this rebar *mangru* (traditional watchtower) must be similar to the visual shock of taking in the view from the elevated veranda on the second floor for the first time after the completion of Seokjojeon.

Around the noon on March 1, 1919, a crowd was gathered at the Tapgol Park to take part in the funeral for the Emperor Gojong, and the Declaration of Independence was distributed. The people who were hailing Korean Independence convened at Deoksugung's Daehanmun Gate and marched along several different routes. The first group went towards the Gwanghwamun Gate crossroad and headed to Gyeongbokgung Palace, where MMCA Seoul is closely neighbored.[8] The last work of *Unearthing Future* is *Perpetual Spring* by Obra Architects (Jennifer Lee and Pablo Castro) installed in Museum Madang, the front yard of MMCA Seoul, where the march likely reached.

The architects thought the actions of the people who occupied the streets one hundred years ago were related to the lively spring climate. The fair weather that made the movements for a free and just society possible has become a poetic metaphor throughout the human history, as with 'Prague Spring' and 'Arab Spring.' The pavilion operates as a greenhouse that maintains the constancy of the spring temperature during the exhibition period through the fall and the winter. The audience is called to be an active participant through a website (perpetualspring.org), by applying to use the space.

Architecture is a technology and an art that brings the future to the physical present. Architects design and materialize space while visualizing a future still far off. Those who use the space get to experience the future, and the forms of the well-worn architecture become traces of history. Architecture is also the symbol of authority. The value system of the sovereign determines the hierarchy and ornamentation of the space. The transfer of power from the centralized rule to the public changed our perception of space drastically. The five teams of architects in this exhibition carried out unique architectural experiments in their assigned spaces. Their works freely travel in the time vested in the historical space and put the power to test. Between high and low, and transparent and obstructive, they infuse our modern cultural heritage with a touch of vividness. *Unearthing Future* stages new spatial and temporal landscapes in the time-honored sites of history and offers an opportunity to experience the sensations generated by the meeting of adaptable architecture by contemporary architects and the living heritage.

7   Kim Jeong-nam(김정남) et al., 『석조전 대한제국 역사관 전시도록』 (서울: 문화재청 덕수궁관리소, 2015), 108-111.

8   Kim Jeong-in(김정인), 「1919년 3월 1일 만세시위, 연대의 힘」, 『역사교육』 147 (2018): 393-394.

Unearthing Future

기계 속의 삶 —
건축, 유산, 대도시

가브리엘레 마스트리글리

역사가 조지프 리커트에 따르면 일반적으로 고대 공동체들은 이미 존재하고 있던 마을이 아니라 미개척지에 새 도시를 세웠다. 그들은 새로운 영토를 손에 넣고 모도시(母都市)에 부속시켜서 식민지를 건설했다. 그럴 때면 다음 세대를 위한 새로운 장을 여는 행사로서 그들의 모도시에서 흙을 가져다 새 정착지에 뿌리는 경우가 많았다.[1] 고대 그리스 로마 시대부터 식민지 시대에 이르기까지 유산은 말 그대로 자식을 위한 아버지의 의무를 뜻했다. 실제로 로망스어에서 유산을 뜻하는 'patrimonie'는 라틴어 'pater(아버지)'와 'munus(의무)'에서 유래했다. 이 말은 (국가만이 아니라 한 가족을) 다스리는 사람이 그의 사람들에게 헌신하는 물질적, 상징적 자산의 총체를 의미한다. 신화와 종교는 주로 상징적 질서를 나타낼 수 있는 선택을 좌우했다.

　　유산이라는 개념이 형성되는 과정 중에, 나중 단계에 이르러서야 (그 전 단계에서 이미 이에 관한 많은 부분이 언급 되고 있기는 하지만) 유산은 한 문명의 과거를 나타내는 어떤 것, 즉 연구의 대상으로서 파괴되지 않게 보존해야 하는 것이라는 개념으로 발전했다. 이로써 신화와 종교는 점진적으로 역사와 문화에 자리를 내주었으며, 첫 르네상스 시기 이래로 과거의 증거에 주목하는 행위를 통해

1 Joseph Rykwert, Premessa. "Il patrimonio è ciò entro cui siamo," in Carmen Andriani (ed.), *Il patrimonio e l'abitare* (Rome: Donzelli editore, 2010), IX 참조.

LIFE IN THE MACHINE — ARCHITECTURE, HERITAGE AND THE METROPOLIS

GABRIELE MASTRIGLI

During ancient times, says historian Joseph Rykwert, communities used to found new cities not on pre-existing villages but on virgin territories. They took possession of new territories as annexation to the mother city, and founded their colonies. They used to bring some earth from the city of origin mixing it to that of the new settlement, as an act of imposition destined to future generations.[1] From the ancient Greeks and Romans to the colonial times, the heritage has been, literally, the duty of a father to his children. In fact, in the sense of romance languages heritage is *patrimonie* and derives from the Latin *pater* (father) and *munus* (duty). It represents the *corpus* of material and symbolical assets that those who govern (a family, as much as a state) devote to their people. Mythology and religion direct the choices that refer mainly to a symbolical order.

Only at a later stage, but in large part overlapped with the previous one, the idea of heritage develops as something that stands for the past of a civilization, as something to study and therefore to preserve from destruction. And gradually, myth and religion give away to history and culture. From the first Renaissance, in fact, the gaze to the evidence of the past generates a new cultural sensitivity: the past is a value and its works are the concrete and material form in which it reveals

1 See Joseph Rykwert, Premessa. "Il patrimonio è ciò entro cui siamo," in Carmen Andriani (ed.), *Il patrimonio e l'abitare* (Rome: Donzelli editore, 2010), IX.

새로운 문화적 감수성이 형성되었다. 이는 과거가 가치를 지니며, 과거가 남긴 결과물들은 그 과거를 보여주는 구체적인 물질 증거라는 감수성이었다. 과학과 이성에 대한 신념이 최고조에 달한 계몽주의 시대에 문화유산의 개념에 대한 관심이 가장 높았던 것은 우연이 아니다. 관용과 평등, 자유의 개념처럼 문화는 보편적 가치가 되었다. 사물과 유물, 그리고 고대 이집트, 그리스, 로마의 문화에서 말하는 '형태'가 본래의 뜻에서 자유로워지면 아름다움, 질서, 진실의 현대적 개념과 가치를 담아내기 위해 재사용될 수 있다.

따라서 우리가 아는 의미의 유산은 현대적 개념이며, 미래를 건설하기 위해 과거의 일반적이고 추상적인 가치를 살펴보는 것을 목표로 한다. 비록 이것이 특정한 역사적, 지리적 조건에만 적용될지라도 말이다. 이런 의미에서 유산은 한 문명을 물리적으로 나타내면서, 그 문명의 장소와 역사에 새겨진 시각적 흔적을 담고 있는 도시와 떼어놓고 생각할 수 없다.

1748년 조반니 바티스타 놀리는 '영원의 도시'로 불리는 로마의 건축물과 기념비적 유산을 과학적으로 측정하여 제작한 첫 지적도를 출판하는데, 이 지적도가 바로 그 유명한 '로마의 지도'이다. 같은 해 이탈리아 남부에서는 폼페이 유적의 발굴이 시작되었으며, 이는 헤르쿨라네움의 발굴과 함께 역사상 최초로 기록된 체계적인 고고학 조사였다. 그 순간부터 도시의 문화는 유산이라는 개념을 이해하는데 필요한 틀이 되었다. 처음에는 사물이, 다음에는 유물이, 그리고 마침내는 도시의 구조와 영역 역시 보호되어야 하는 대상으로 인식되었고, 범세계적으로 그 가치가 지켜져야 할 유산의 상징이 되었다. 개발과 공간적 도구라는 개념을 적용해 보면, 보존의 역사가 현대 도시의 역사와 유사하게 진행된 것은 우연이 아니라는 것을 알 수 있다.

2   여기서 언급된 '타불라 라사' 개념은 본 저자의 "Contamination, Or, Rethinking Tabula Rasa," Log, no.10 (2007): 71-79에 설명되어 있다.

3   Le Corbusier, The City of To-morrow and its planning (New York: Dover Publications, 1987), 298.

타불라 라사를 다시 생각하다

'유산'과 '모더니티'가 본질적으로 서로 다른 개념이라는 생각은 매우 진부하다. 특히 도시 라는 공간에 적용했을 때는 더욱 그렇다. 현대적인 계획이라는 신화의 밑바탕에 깔린 '백지 상태'의 개념을 잘 드러내는 예로는 르코르뷔지에의 '부아쟁 계획'에서 사용되었던 타불라 라사 전략이 있는데, 이는 이론적으로 기존의 것을 전복시키는 개념이 아니었다.[2] 르코르뷔지에는 "나는 도시를 계획하기 위해 유토피아를 구상하지 않는다. 나의 도시가 설 가장 적절한 곳은 바로 이곳이며, 여기서 아무것도 제거하지 않을 것이다."[3]라고 강조했다. 부아쟁 계획은 파리 시내를 파괴하는 것이 아니라 변화를 허용하는 계획이었다. 또한, 마레지구에

Gabriele Mastrigli

itself. Not by chance, the interest to the notion of cultural heritage reached its greatest heights during the Enlightenment, at the peak of the faith in science and reason. On par with the notion of tolerance, equality and freedom, culture becomes a universal value. Liberated from the original meanings, objects, artifacts and more in general the *forms* of ancient cultures — from Egyptians, to Greeks and Romans — can be reused in order to vehiculate modern concepts and values like those of beauty, order, truth.

Heritage, as we know it, is therefore a modern concept: its goal is to look at the past to build the future, in a horizon of general and abstract values, even though applied to specific historical and geographical conditions. In this sense, heritage is inseparably linked to the city, as physical representation of a civilization, visible trace of its passage on places and history.

In 1748, when Giovanni Battista Nolli published the famous Map of Rome, the first cadastral plan to measure scientifically the built and monumental heritage of the Eternal City, in the south of Italy started the excavations of Pompei that, together with those of the close Herculaneum, represents the first, systematic archeological survey in history. From that moment on, urban culture becomes the necessary framework to understand the notion of heritage. First objects, then artifacts, finally urban fabrics and territories become emblems of a legacy to protect and valorize worldwide. It is no coincidence that the history of preservation runs parallel to that of the modern city, with its concepts of development and even spatial devices.

RETHINKING TABULA RASA

It is a blatant cliché that 'heritage' and 'modernity' are intrinsically divergent concepts, especially when applied to the urban sphere. In fact, the most emblematic example of the clean slate that underlies the myth of modernist planning, the *tabula rasa* strategy of the famous Plan Voisin has, in principle, nothing of the subversive.[2] "I invent no Utopia in which to build my city. I assert that its proper place is here, and nothing will remove it,"[3] said Le Corbusier. The Plan Voisin was not about destroying the center of Paris but about sanctioning its transformation. The creation of a new business center in the areas of the Marais simply reiterates that the history of the city continues. He goes further, saying that with Plan Voisin, "the historical past, our common inheritance, is respected. More than that, it is *rescued*."[4]

Beginning with his first project for Paris in 1922, Le Corbusier presented his ideas as something entirely different than a generic starting from scratch. For him, some of the most famous Parisian monuments are the elements that evoke the "spirit" of the city, not only for their symbolic value but also as concrete spaces in the urban structure. "We have a legacy of objects we admire, whose dimensions and presence

2 The notion of tabula rasa presented here has been elaborated by the author Gabriele Mastrigli in "Contamination, Or, Rethinking Tabula Rasa" *Log*, no.10 (2007): 71–79.

3 Le Corbusier, *The City of To-morrow and its planning* (New York: Dover Publications, 1987), 298.

4 Ibid., 287.

Life in the Machine — Architecture, Heritage and the Metropolis

새로운 상업 중심지를 만들어 그 도시의 역사가 계속됨을 재확인 했다. 그는 한발
더 나아가, 부아쟁 계획을 통해 "우리 공통의 유산인 역사적 과거는 존중된다.
그리고 그 이상으로, '구원'받는다."[4]고 언급했다.

4 같은 책, 287.
5 Le Corbusier, *Oeuvre
Complète, 1938–1946*
(Zürich: Erlenbach-
Zürich, 1947), 154.

1922년 파리를 위한 첫 프로젝트를 시작하면서 르코르뷔지에는 본인의
아이디어가 맨땅에서부터 시작하는 일반적인 프로젝트와는 완전히 다르다고
소개했다. 그에게 파리의 몇몇 유명한 건축물은 그 도시의 '정신'을 환기시키는
요소였다. 이 건축물들은 상징적 가치로서뿐만 아니라 도시의 전체 구조 속에서
실질적인 공간으로서의 역할도 한다고 보았다. "방돔 광장, 루브르 안뜰, 콩코르드
광장 등 우리가 찬양하는 대상들이 과거의 업적으로서 남아 있으며 그 공간의
크기와 존재감은 우리에게 한결같은 기쁨을 안겨준다."[5] 르코르뷔지에는 급진적이지만
세심하게 현재를 제거함으로써, 기념비적 과거에 의한 시노그래피scenography의
트라우마를 지닌 파리가 그 도시 구조에서 벗어났을 때 미래가 가능하다는 가정에
맞섰다. 그리하여 소위 타불라 라사는 새로운 현실을 드러내는 비판적 선별 행위로
탈바꿈했다. 실제로 르코르뷔지에의 스케치 속에 파리의 기념비적 건축물들은
온전하게 남아 있을 뿐 아니라, 새로운 파리의 기준으로서 전면에 등장한다. 그의
프로젝트는 기본적으로 당시 파리에 필요했던 변화를 급진적인 방식으로 대변하는
요소를 모은 것이었다. 르코르뷔지에는 현존하는 기념비적 건축물에 대해 판단을
하려먼 그 건축물의 우수성에 대한 즉각적이며 직접적인 평가가 바탕이 되어어
한다고 보았다. 그에게 에펠탑, 루브르, 몽마르트는 단순히 보존되어야 할 도시의
유물이 아니라, 부아쟁 계획이 펼쳐나갈 미래를 구성하는 요소였다. 역사적 건축물의
훌륭한 만듦새를 알아보는 것은 그 건축물이 독자적인 주체임을 알아보고 그것이
속한 맥락에서 분리하는 것이며, 이런 방식을 통해 그 도시의 역사와 더불어 미래에
투사할 수 있는 실제 공간을 마련하는 일이었다.

르코르뷔지에가 1920년대 파리를 바라보았던 분석적 시선은 역사적 사례들과
진보적인 사례들 사이의 '빛나는' 담론에 대한 신념에 힘입어, 도시 계획이라는
아이디어를 위한 모델이 되었다. 하지만 이것은 우리가 이미 알고 있는 것처럼, 문명의
미래에 대한 토론에서 이 근대 도시가 논란의 중심이 되는 것을 막을 수는 없었다.

1930년대 초반, 근대화와 보존이라는 아이디어가 구체화 된 것은 이 시기에
개최된 두 곳의 서로 다른 국제회의에서였는데, 그 두 회의에서는 상징적인 의미로
'아테네 헌장'이라는 같은 제목의 두 개의 문서를 만들었다. 둘 중 하나는 복원에
대한 헌장으로, 1931년 열린 첫 번째 '예술 역사 기념물의 보호와 보존을 위한
국제회의'의 결과로 제정되었다. 다른 하나는 도시 계획에 대한 헌장으로, 1933년

are an unfailing source of joy: Place Vendôme, the courtyard of the Louvre, Place de la Concorde."[5] Through a radical, yet meticulous removal of the present, the Swiss master confronts the possible future of the city with the scenographic trauma produced by its monumental past when it is liberated from the urban tissue. In this way the so-called *tabula rasa* is transformed into a selective, that is critical, act that reveals a new reality. In fact, in Le Corbusier's sketches the monuments of the city are intact, appearing in the foreground as points of reference for a new Paris. The project is primarily a selection of elements that represents, in a radical manner, the necessary manipulation of the current conditions of the city. For him, the judgment of the existing monuments is based on the immediate and direct evaluation of the quality of their architecture. The Eiffel Tower, the Louvre and Montmartre are not simply urban relics to be preserved; they constitute the very idea of the city that the Plan Voisin projects into the future. Recognizing the great works of historical architecture meant identifying them as elements in their own right and thus isolating them from their contexts, preparing, in this way, a real space of projection in the future of the city on par with its history.

5 Le Corbusier, *Oeuvre Complète, 1938–1946* (Zurich: Erlenbach-Zürich, 1947), 154.

The analytical gaze with which Le Corbusier looks at Paris in the 1920s becomes the model for an idea of urbanization fueled by the faith in a "radiant" dialogue between the instances of history and progress. Yet, as we know, it didn't prevent the modern city to become the controversial center of the debate about the future of civilization.

At the beginning of the 1930s, the ideas of modernization and preservation take shape in two separate, international symposia that generate two documents which emblematically bear the same name: the 'Charter of Athens.' On one side there was the restoration charter, the result of the first International Conference for the Protection and Conservation of Artistic and Historical Monuments (1931); on the other side, the urbanism charter was issued after the IVth CIAM (the International Congress of Modern Architecture) that took place on the steamer Patris II from Marseille to Athens, where Le Corbusier, Alvar Aalto, Sigfried Giedion and many others met in 1933. Despite the contrasting ideologies, both documents have a common denominator: the historic heritage of cities. Moreover, they reveal the same humanist, rational and technical approach, affirming the same desire to internationalize the debate on the universality of preservation values and the problems of cities in crisis. In other words, although from different points of view, the two Charters share the conviction that in the modern city, history is part of a wider apparatus whose goal is fundamentally *to function*: the city is a machine. Precisely in this context, history can become "cultural heritage," typically objects that can be isolated, listed, maintained, and eventually preserved by any further modification. Policies start to replace projects. Politics, institutions, legislation, professionals, mass-media, all collaborate to write the "instructions" for the machine.

마르세유에서 아테네까지 항해하는 증기선 파트리스II 선상에서 르코르뷔지에와 알바 알토, 지그프리드 기디온 등 여러 건축가가 참석한 가운데 열린 제4회 근대건축국제회의CIAM 직후에 발표되었다. 상반되는 이념을 바탕으로 함에도 불구하고 두 아테네 헌장은 도시의 역사적 유산이라는 공통분모를 지니고 있다. 또한 인본주의적, 이성적, 기술적인 접근 방식을 보여주면서 보존이라는 가치의 보편성과 위기에 처한 도시의 문제점에 대한 토론을 국제화하려는 바람을 드러낸 것도 같았다. 다시 말해서, 두 헌장은 다른 관점에서 출발했음에도 결국 하나의 신념을 공유했다. 바로 근대 도시에서 역사란 더 큰 장치의 일부이며 그 장치는 근본적으로 '기능'하기 위해 존재한다는 것, 달리 말해 도시는 기계라는 믿음이었다. 바로 이 맥락에서 역사는 '문화적 유산', 즉 일반적으로 따로 분리하여 목록화하고 유지하며, 추가 수정을 거쳐 보존하는 대상이 될 수 있다. 정책이 프로젝트를 대체하기 시작하고, 정치, 기관, 입법, 전문가, 대중매체가 모두 협력해 그 기계를 위한 '설명서'를 쓰는 것이다.

6 Charles Jencks, *The language of Post-Modern architecture* (New York: Rizzoli, 1977) 참조.

상징적인 기계들

1960년대에서 1970년대로 가는 길목은 현대 문화사에서 결정적인 시기였다. 찰스 젱크스에 따르면 1972년은 건축에서 모더니즘이 공식적으로 '사망'한 해였다.[6] 미국의 이론가 젱크스는 건축 언어에서 이전과 다른 미학적 감수성인 포스트모더니즘을 말하기 위해, 미주리주 세인트루이스에서 있었던 프루이트-아이고 주택 개발의 실패 사례를 들었다. 모더니즘 건축의 원칙에 따라 지어진 그 주택 단지는 완공한 지 20년도 채 지나지 않은 1972년에 내파 공법으로 철거되었다. 이 폭력적인 타불라 라사의 장면이 담긴 슬로우모션 장면은 고드프리 레지오가 연출하고 필립 글래스가 음악을 맡은 실험적 영상시《코야니스카시: 균형이 깨진 삶》(1982)에서 중요 장면 중 하나로 사용되었다. 하지만 여기서 합리성의 실패는 자명했다. 그 영상의 다음 장면은 고층빌딩 유리에 비친 노을을 보여준 다음 첨단 기술을 사용하는 사람들의 모습을 통해 현대 생활의 단면을 담아낸 타임랩스 장면들이었다. 세계화는 이미 도래했고, 프루이트-아이고를 설계했던 건축가 미노루 야마사키가 1972년에 디자인한 그의 가장 유명한 건물, 바로 뉴욕 세계무역센터 쌍둥이 빌딩을 마무리 중이었던 것을 기억하는 이도 있을 것이다. 모더니즘의 전형이라고 할 수 있는 그 건물은 지역 사회의 개혁에 대한 열망을 대변하는 것이 아니라 1973년 석유 파동 이후 냉전의 정치적 상황을 타파하기 시작한 국제 자본들 사이의 공격적인 경쟁을 나타낸 것이었다.

Gabriele Mastrigli

6 See Charles Jencks, *The language of Post-Modern architecture* (New York: Rizzoli, 1977).

The passage between the 1960s and the 1970s is a crucial one for modern culture. According to Charles Jencks, 1972 is the official "death" of modern architecture.[6] In order to promote the rise of a different aesthetic sensibility in architectural language — namely the postmodern — the American theorist refers to the failure of Pruitt-Igoe housing development in St. Louis, Missouri, inspired by the principle of Modern Movement, which, less than 20 years after completion, was destroyed by controlled implosion. The slow-motion sequence of the violent *tabula rasa* is one of the key moments of *Koyaanisqatsi: Life Out of Balance* (1982), the experimental visual poem by director Godfrey Reggio with music by Philip Glass. Yet, the failure of rationality is only apparent. The next sequence of the movie shows a sunset reflected in the glass of a skyscraper, then activity of modern life in time-lapse with people interacting with modern technology. Globalization is already there. We may then remember that during the same 1972 the architect of Pruitt-Igoe, Minoru Yamasaki, is completing his best known work: the twin towers of the World Trade Centre in New York, a paradigm of modernism representing not reformist aspirations of local communities, but the aggressive competition between global capitals that, after the oil crisis of 1973, starts to break the political status quo of the cold war.

It may appear accidental that in 1972, the General Conference of UNESCO adopted the "Convention Concerning the Protection of the World Cultural and Natural Heritage," the world's most popular cultural program since then ratified by 193 states. In reality, by the 1970s the heritage becomes a global issue, fraught with political and economic implications, in which history meets geography and the two conceptually opposite notions of culture and nature start to melt one into the other.

Far from being over, modernization is taking a new form. Its spatial language was mutating towards a more abstract, all-embracing attitude that incorporates the instances of function with those of representation at the global scale. As the radical group Superstudio in those years envisaged in its most famous statement, the world is becoming, or better, is revealing itself, as a Continuous Monument. The metropolis, as the quintessential superimposition of all layers of city-life, is the ultimate match between symbolism and functionality, a living organism that refuses the separation between functions proposed by classical urbanism.

Seen from the perspective of today's world, that period also marks the advent of Asian metropolises. Some of the traces left on the field during those years reveal the strong dialogue with western culture, yet in a much more radical and controversial attempt to challenge the very idea of the urban machine. For instance, the physical presence of the Metabolist structures in Japan revealed by the 1970 Osaka Expo — as the point of arrival of a ten-year elaboration started with the 1960 Tokyo World Design Conference — project technology beyond its traditional servant role

같은 해인 1972년에 유네스코 총회에서 '세계문화 및 자연유산 보호에 관한 협약'을 채택한 것이 우연처럼 보일 수도 있다. 그 협약은 이후 193개 나라에서 비준되면서 세계에서 가장 인기 있는 문화 프로그램이 되었다. 실제로 1970년대 무렵 유산은 정치와 경제적인 함의가 얽힌 국제적 사안으로 떠올랐으며, 그 안에서 역사와 지리가 만나고 서로 반대되는 문화와 자연의 개념이 뒤섞이기 시작했다.

모더니즘은 끝나기는커녕 새로운 형태를 띠게 되었다. 모더니즘의 공간 언어는 더 추상적이고 모두를 포용하는 방향으로 변하면서 기능과 표상의 요소가 통합된 범세계적인 시각언어가 되었다. 그 즈음 급진적인 건축 그룹이었던 슈퍼스튜디오가 이들의 가장 유명한 선언에서 예견했던 것처럼, 세계는 '연속적 기념비'로서 자신을 드러내기 시작했다. 본질적으로 도시 생활의 모든 층위가 중첩되는 대도시는 상징과 기능 사이의 궁극적인 대결이며, 전통적인 도시 계획이 제안했던 기능의 분리를 거부하는 생물체이다.

현재의 세계적 관점에서 보았을 때, 그 당시는 아시아의 대도시들이 출현한 시기이기도 했다. 그 무렵 아시아의 도시 디자인을 살펴보면 서구 문화와 영향을 주고 받은 흔적들이 강하게 나타난다. 하지만 도시 기계라는 아이디어에 도전하는 보다 급진적이며 논란의 여지가 다분한 시도들 역시 목격할 수 있다. 예를 들어 1960년 도쿄 세계디자인회의 이후 10년간 노작의 결과물로서 1970년 오사카 엑스포에서 공개된 일본 메타볼리즘 구조물의 물리적 존재감은, 기술이 건축 구조에서 전통적으로 담당해오던 보조적인 역할을 넘어설 수 있음을 보여주었다. 철근 강화 콘크리트부터 철강, 플라스틱까지 지지 구조물의 무한한 가능성은 도시가 연속적이면서도 유기적인 그룹으로 서로 관계를 맺는 공간이 될 수 있음을 제시했으며, '도시 조직'의 의미를 비롯해 건물, 거리, 빈 공간의 개념에 대해 다시금 생각해 보도록 했다.

그 무렵 서울은 국제적으로는 덜 알려졌지만 꽤 독특한 상황 속에서 1965년 군사 정권에 의해 설립되고 카리스마 있는 건축가 김수근이 이끌었던 한국종합기술개발공사KECC의 첫 효과를 목격하고 있었다. 1969년 완공된 세운상가 같은 대규모 프로젝트는 상징적으로 국가의 중공업산업 육성이 이뤄낸 경제 발전의 '미래를 가시화'[7] 해야 했다. 하지만 다른 관점에서 세운상가는 대부분이 보행로로 구성된 1킬로미터가 넘는 공간을 통해, 순수한 사회 기반시설로서 이 도시 기계의 기본 요소는 이동과 흐름의 공간임을 보여주었다. 어찌 보면 세운상가가 기념비적인 이유는 건물 자체의 거대한 규모나 형태 때문이 아니라, 그 건축물이 도시의 개념 중 한 가지를 수행하는 방식, 즉 도시

7 박정현, 「한국 현대건축에서 국가, 아방가르드, 유령」, 『국가 아방가르드의 유령』, 2018 베니스 비엔날레 국제 건축전 한국관 귀국전 도록 (서울: 한국문화예술위원회, 2019), 29.

Gabriele Mastrigli

in architectural figuration. The infinite potential of supporting structures, from reinforced concrete to steel and plastic, prefigures the city as a continuous, yet clustered space, questioning not just the notions of 'urban fabric,' but also that of 'building,' 'street' or 'void.'

In a less internationally recognized yet quite peculiar situation, Seoul witnessed during those years the first effects of the Korea Engineering Consultants Corporation (KECC), established by the military government in 1965 and led by the charismatic figure of Kim Swoo Geun. If on one side large-scale projects like Sewoon Sangga, completed in 1969, had to symbolically "visualize the future"[7] of the economic growth generated by the heavy industrialization of the country, on the other side they revealed that the primary element of that urban machine is the space of flows, mainly pedestrian, lined up over a kilometer as a pure infrastructure. In a way, despite its bigness, the monumentality of Sewoon Sangga, does not reside in its form but in the way it performs a certain idea of the city: an idea of movement as the intrinsic goal of urban life. The idea of the elevated pedestrian deck, according to Kim Swoo Geun, was that of an "artificial land," embodying how individuals can "occupy rather than possess" urban space.[8]

Despite the inevitable failure of such ambition, with many of the public spaces designed in those years turned into the stage of violence pursued by the military regime and then fallen into a strong degradation, one of the side-effects of this so-called State Avant-garde has been that of revealing the city as a unique venue for expression of civil liberty and more in general for collective participation. From the April 19 Revolution in 1960 that marked the end of the First Republic, to the June Struggle of 1987 against the military regime, and from the peaceful invasion of the streets in 2002 during the FIFA World Cup, to the 2008 Candlelight rally against the free trade agreement on beef from the U.S. and the extreme policies of neoliberalization, and finally the recent protests of 2016–17 denouncing the administration's political scandal and the demonstration/encampment in Gwanghwamun Square for the 2014 Sewol Ferry Disaster, all these examples bring to light not only the power of collectiveness in the history of Korean society, but also the effectiveness of urbanity as the device through which the city's past moves into the future.

URBAN CONSCIOUSNESS

"Seoul is a megalopolis that is located within two-hour flight from two other megalopolises: Tokyo to the east and Beijing to the west. Indeed, the idea of the city of Seoul occupies a particular spatial niche: not unlike Korea's unique geopolitical location, Seoul is somewhere in the middle. If Tokyo has elevated its state of ultimate urban chaos to an art form (which peaked decades ago), Seoul's

7 Junghyun Park, "State Avant-garde and Spectres in Korean Modern Architecture," in Junghyun Park, Sangho Kim, Jane Misun Shim, Seongtae Park (eds.), *Spectres of the State Avant-garde: Korean Pavilion*, 16th International Architecture Exhibition, La Biennale di Venezia, exh. cat. (Seoul: Arts Council Korea, 2018), 23.

8 Nanhyoung Kang, "Sewoon Sangga and Megastructures," in Junghyun Park, Sangho Kim, Jane Misun Shim, Seongtae Park (eds.), *Spectres of the State Avant-garde: Korean Pavilion*, 16th International Architecture Exhibition, La Biennale di Venezia, exh. cat. (Seoul: Arts Council Korea, 2018), 69.

생활의 본질적인 목표를 '이동성'이라고 했을 때 이를 보여주는 방식에 있었다. 김수근에 따르면, 공중보행데크에 대한 아이디어는 개인이 어떻게 도시의 공간을 '소유하기보다 점유' 할 수 있는지를 구체적으로 보여주는 '인공대지'를 만들고자 한 것에서 비롯되었다.[8]

그런 야심은 그 시기에 설계된 많은 공공 공간이 군사 정권의 폭력이 자행되는 무대가 되고 심각한 퇴락의 길에 빠지면서 실패의 길을 걸을 수밖에 없었다. 하지만 이런 '국가 아방가르드'는 시민의 자유를 표현하고 집단 참여를 끌어내는 독특한 장으로서의 도시를 드러낸 부수 효과를 보여주었다. 제1공화국의 막을 내린 1960년 4.19 혁명부터 군사 정권에 맞선 1987년 6월의 민주 항쟁, 2002년 월드컵 당시 거리를 메웠던 평화로운 군중과 2008년 FTA 미국 소고기 수입과 지나친 신자유주의 정책에 반대한 촛불 시위, 그리고 가장 최근에는 2016-17년 행정부의 정치 스캔들에 맞선 집회와 2014년 세월호 참사 이후 광화문 광장에서 천막을 설치하고 오랫동안 계속되었던 시위까지, 이 모든 사례는 한국 사회의 역사에서 집단의 힘을 보여줄 뿐 아니라, 도시의 과거를 미래로 움직이게 해주는 '도시성'이라는 도구의 효율성을 보여준다.

8 강난형, 「세운상가와 메가스트럭처」, 「국가 아방가르드의 유령」, 2018 베니스 비엔날레 국제 건축전 한국관 귀국전 도록 (서울: 한국문화예술위원회, 2019), 77.

9 Minsuk Cho, "Two Houses in Seoul", in Andreas Ruby (ed.), *Urban Trans-Formation* (Berlin: Ruby Press, 2008), 148.

10 Guy Debord, *La société du spectacle* (Paris: Buchet-Chastel, 1967) 참조.

도시 의식

"서울은 동쪽으로는 도쿄, 서쪽으로는 베이징이 자리잡고 있어 항공편으로 두 시간 안에 다른 대형도시 두 곳에 닿을 수 있는 거대도시이다. 한국의 독특한 지정학적 위치와 마찬가지로 서울도 어딘가의 중간 지점이라는 특별한 위치에 자리잡고 있다. 도쿄가 극에 달한 도시의 혼돈 상태를 하나의 예술로 격상시켜 이미 수십 년 전에 그 절정에 달했다면, 서울의 경관은 여전히 초기의 역동성을 지닌 채 지속해서 자신을 다듬고 복합적으로 재창조해 나가고 있다. 또한 중국은 신묘한 베이징의 건축에 급진적인 디자인을 추가하려는 야심 찬 계획을 (놀랍도록 일관적이게) 진행하고 있지만, 서울은 이미 이념적으로 소진되고 경제적인 현실로 인해 지쳐있다."[9]

현대 도시의 역사에서 오늘날 도시의 진화는 놀라운 발전과 통제가 불가능할 정도의 성장세를 통해 이루어졌다. 하지만 이 진화의 목적은 단순히 크기를 키우기 위함이 아니었다. 이런 조건에서, 생산과 소비의 메커니즘은 성장과 발전 과정에 동력을 공급하여 계속 작동하도록 유지하는 것을 가장 중요한 목표로 삼는다. 마르크스가 처음 언급하고 기 드보르가 강조했듯이, 현대화의 마지막 단계에서 경제는 기본적으로 '스펙타클'[10]를 시전한다고 할 수 있다. '발전'이라는 기계의 궁극적 역할은 그 바퀴를 움직이는 것이다. 그렇기 때문에 갈수록 많은 현대

Gabriele Mastrigli

landscape is still marked by a primitive dynamism: it is continually refining and intricately reinventing itself. While Beijing plows ahead with an ambitious (if remarkably cohesive) radicalism in a quest to add to its collection of architectural enigma, Seoul already feels ideologically spent and jaded by economic reality."[9]

Through the history of the modern city in its contemporary, metropolitan evolution is that of an awesome development and uncontainable growth, but its goal is not the dimension *per sé*. In this condition, the mechanisms of production and consumption have the primary goal: feeding the process and generating a continuous performance. As already highlighted by Guy Debord, starting from Marx, in the last phase of modernity economy is basically "spectacle."[10] The ultimate scope of the machine of progress is the movement of its wheels. That's why more and more contemporary metropolises appear as infrastructures where urban life is more and more a choreography orchestrated by the forces of capital *vis-à-vis* the resilience of local (or global) communities.

Heritage can be seen as a form of resistance towards the logic of economy — preservation as the freezing of the processes of transformation — or, on the opposite, as the best fuel for the processes of valorization. Yet, what is evident is that heritage is deeply related to the metropolis. The metropolis is a machine functioning symbolically, not only for what it collectively celebrates — events, sport, entertainment, culture, politics as well as shopping, city-life, leisure, etc. — but also for what it represents; cultural heritage is, therefore, a notion destined to be rapidly expanded to many spheres of human life, moving from the past to the present. In such condition, architecture cannot just protect the heritage (a museum, an archeological park, a preserved area), nor can it just sell the heritage (a tourist district, a theme park, a block-buster exhibition). Heritage needs to be interpreted in order to be kept alive and, above all, to keep the society alive in a conscious relationship with its past and even with its present. In the gigantic machine of the metropolis, architecture can be the machinery that enables us to observe and select, to understand and take positions, and ultimately a powerful device of urban consciousness. Maybe this is the *fil rouge* that links the traditional heritage to us through modern legacy: modern architecture not merely as a set of definitive spatial and functional configurations, nor as a stylistic choice or a vintage *repêchage*, but as a social device inspired by a tension built simultaneously towards the past and the future.

In the case of Korea, this relationship with modernity is deeply linked to the innovation processes that characterized Seoul's urban life since the Empire, under the guidance of the Emperor Gojong whom we honor today after one hundred years from his death. During the decade of strong dialogue with western culture, urban infrastructures started to be fully renovated in an impulse of technological improvements, still present in the DNA of the city.[11] Today the nature of urban

9 Minsuk Cho, "Two Houses in Seoul," in Andreas Ruby (ed.), *Urban Trans-Formation* (Berlin: Ruby Press, 2008), 148.

10 See Guy Debord, *La société du spectacle* (Paris: Buchet-Chastel, 1967).

11 Not by chance was Seoul one of the first cities in East Asia to have electricity, trolley cars, water, telephone, and telegraph systems.

대도시에서 도시 생활이 지역(또는 광역) 공동체를 유지하는 힘보다 자본의 힘으로 지휘되는 기반 시설 같은 양상을 보인다.

유산을 경제 논리에 대한 일종의 저항으로 해석한다면, 보존은 변화 과정이 동결된 것으로 볼 수 있으며, 이와는 반대로 가치 변화의 안정을 지향하는 최고의 동력으로도 해석할 수도 있다. 하지만, 여기서 한 가지 확실한 점은 유산이 대도시와 깊은 연관성이 있다는 것이다. 도시는 상징적으로 기능하는 하나의 기계로서, 행사, 스포츠, 오락, 문화, 정치는 물론 쇼핑과 도시 생활, 레저 등을 같이 향유하기 위해서뿐만 아니라 도시가 대변하는 바를 위해서도 작동한다. 따라서 필연적으로 문화유산의 개념은 과거에서 현재에 이르는 인간 삶의 다양한 영역으로 급속하게 확장된다. 이런 조건 속에서 건축은 유산을 보호하기만 할 수도(박물관, 유적지, 문화재 보존 지역의 경우처럼), 혹은 상업적(관광지, 테마파크, 초대형 기획 전시의 경우처럼) 으로만 이용할 수도 없다. 유산은 연구되고 해석되어야 비로소 그 존재의 가치가 있으며, 무엇보다도 이를 통해 해당 사회가 과거 및 현재와 의식 있는 관계 속에서 존속될 수 있도록 한다. 대도시라는 거대한 기계 안에서 건축은 우리가 관찰하고 선택하며 이해하고 입장을 취할 수 있게 해주는 장치, 궁극적으로는 도시 의식을 유지하도록 해주는 강력한 도구일 수 있다. 건축은 현대의 유산을 통해 우리를 전통에 연결해 주는 실마리일지도 모른다. 즉 현대 건축은 단지 공간과 기능의 배치로 한정된 집합체가 아니며 특정 스타일이나 과거 디자인이 재적용 되는 대상이 아니라, 과거와 미래를 동시에 향할 때 발생하는 긴장감으로부터 영감을 얻는 사회적 도구로 보는 것이다.

한국에서 이와 같은 '모더니즘'과의 관계는 대한제국 당시 고종황제에 의해 시작되어 서울의 특징이 된 혁신의 과정과 깊이 연관되어 있다. 그리고 고종 사후 100년이 지난 오늘 우리는 이를 기리고자 한다. 서양 문화와 강렬한 대화를 나누던 그 시기, 서울의 DNA에 여전히 존재하는 기술적 개선에 대한 의지 속에서 도시의 기반 시설은 완전히 개조되기 시작했다.[11] 서로 다른 크기의 대도시 기반 시설과 최첨단 소형 기기가 긴밀하게 얽혀 공존하는 현대의 도시, 그리고 이런 특징이 도시의 속성에 갈수록 더 영향을 미치는 오늘날, 건축은 다양한 경험의 층위를 하나로 묶는 방법이 되었다. 무엇보다도, 역사의 층위는 단순한 시간의 배열이 아니라 의식 있는 과거의 해석을 위한 것이었다.

이런 관점에서 《덕수궁–서울 야외 프로젝트: 기억된 미래》가 주목하는 두 연도, 즉 고종황제가 승하한 1919년과 올해로 개관 50주년을 맞은 국립현대미술관이 설립된 1969년은 도시의 근대화와 탈바꿈이 지속되었던

11 서울이 동아시아에서 가장 먼저 전기, 전차, 수도, 전화, 전신 시스템을 갖춘 도시 중 하나가 된 것은 우연이 아니었다.

Gabriele Mastrigli

space is more and more entangled with the divergent scales of the metropolitan infrastructures and the technological micro-devices, and architecture becomes a way to keep together different layers of experience. First of all, the layer of history is intended not as a mere temporal sequence, but as a conscious interpretation of the past.

In this respect, the two dates on which *Architecture and Heritage: Unearthing Future* focuses — Emperor Gojung's death (1919) and the 50th anniversary of the National Museum of Modern and Contemporary Art, Korea (1969) — ideally represent a whole century of continuous transformations and modernization of the urban sphere.

It is no coincidence that all the five installations proposed for the project reveal a strong sensitivity not simply towards the interpretation of their sites most of them are installed around the Deoksugung Palace — but rather to the legacy of modernity, as a long lasting process, ultimately still ongoing. Nonetheless, modernity is not treated as a solution to the problems, but as the occasion for a new rituality, an original form of experience of the city's space and time very much in tune with eastern culture. This is particularly evident in the ceremonial, urban furniture of CL3, clearly indebted to classical modernism and built around the human scale; and also in the colorful seriality of the installation by OBBA, one of the most poetic understandings of the theme, where architecture is imagined as a second nature. On the other hand, in the highly technological re-interpretation of the legacy of traditional decoration, as in Space Popular's proposal for the Gwangmyeongmun Gate, architecture becomes a truly representational device, in a way coming back to its fundamentals.

By contrast, the other two projects reflect a more western attitude towards urban space (and time). Bureau Spectacular imagines an "archaeological machine" that can project the urban niveau in a hypothetical future. While subtly evoking the risks of a Pompei-like catastrophe, the proposal re-frames the relationship to the city heritage not simply as a collection of monuments, inviting to read urban space as a whole. Obra Architects goes back to one of the fundamentals of modern architecture: the greenhouse/glass pavilion. Like the Crystal Palace created in Hyde Park for the London's Great Exhibition of 1851, the forerunner and the emblem of this kind of buildings, *Perpetual Spring* is a generic and total space, definitive in its functional and technological solutions, highly symbolic, yet planned to be dismantled at the end of this exhibition (and maybe recycled somewhere else, like the Crystal Palace).

At the end, all proposals seem to look at heritage not as a goal but as a tool: an occasion of re-appropriation of the city centered on the physical experience of space and time, ultimately on daily life. Unlike banal, anti-modernist vulgate, urbanity does not imply the inevitable, naïve loss of historical memory. On the

한 세기를 대변한다. 이번 프로젝트를 위해 제작된 5점의 모든 작품이 단지 그 설치 장소(대부분이 덕수궁 주변에 설치)에 대한 해석 뿐만 아니라, 오랜 시간 지속되어 이루어지는 '모더니즘'이 남긴 업적과 아직도 진행 중인 이 과정에 대해 강한 감수성을 지닌 것은 우연이 아니다. 그럼에도 불구하고 여기서 모더니즘은 문제의 해결책이 아니라 새로운 의식으로서, 동양 문화와 조화를 이루는 서울의 공간과 시간에 대한 고유한 경험으로 다뤄진다. 이는 고전주의적 모더니즘에서 영감을 받아 인체 크기에 맞춰 제작된 씨엘쓰리의 의례적이면서도 도회적인 가구에서 특히 분명하게 드러난다. 또한 건축이 공간에 대한 제 2의 천성으로 작동할 것을 상상하며 전시주제를 가장 시적으로 해석한 오비비에이가 이번 설치작업에서 보여준 다채로운 연속성에서도 마찬가지이다. 이와 달리 전통 장식의 유산을 첨단 기술을 통해 재해석한 스페이스 파퓰러가 선보인 광명문을 위한 설치 작업에서 건축은 진정으로 표상적 도구가 되는데, 이는 건축의 근본으로 회귀하는 것이라 볼 수도 있다.

반면에 다른 두 프로젝트는 도시 공간(과 시간)에 대해 좀 더 서구적인 관점에서 접근한다. 뷰로 스펙타큘러는 '고고학적 기계'를 고안하여 가상의 미래에 도달할 지표면의 높이를 표현했다. 폼페이 같은 재앙의 위험을 미묘하게 환기하는 이 프로젝트는, 도시 유산을 단순한 기념비적 건축물의 모음으로 보는 것이 아니라 도시 공간 전체를 읽을 수 있도록 유도하는 매개체로 재정립한다. 오브라 아키텍츠는 현대 건축의 근본이 되었던 건축물 중 하나인 온실/유리 파빌리온을 재해석 한다. 이러한 건축 스타일을 대표하는 작품이자 1851년 런던 만국박람회 당시 하이드파크에 설치되어 그 건축의 형식을 세상에 처음으로 선보였던 수정궁처럼, 포괄적이며 총체적인 공간인 〈영원한 봄〉은 기능과 기술적인 솔루션을 제시하는 매우 상징적인 구조물이지만 이번 전시가 끝나면 바로 해체될 예정이다. (그리고 수정궁이 그랬던 것처럼 다른 곳에서 다시 사용될 수 있을 것이다.)

이번 전시의 모든 프로젝트는 유산을 목표가 아니라 수단으로 보았고, 그럼으로써 공간과 시간의 물리적 경험, 그리고 궁극적으로 일상생활이 중심이 되는 도시 서울을 재점유하는 기회를 만들었다. 반모더니즘의 따분한 일반 화법에서 말하는 바와 달리 도시성은 역사적 기억을 어쩔 수 없이 순진하게 상실하는 것을 의미하지 않는다. 오히려 모더니즘의 업적이 시사하듯 건축은 도시와 그 과거에 대한 판단을 형성하는 중요한 도구가 될 수 있다. 이 모든 관점에서 대도시는 문화유산이 중요한 역할을 담당하는 연극에서 무대를 구성하고 작동시키는 기계라고 볼 수 있다. 즉 문화유산은 고대와 근대의 전통을 잇는 다리가 될 뿐만 아니라 기관, 도시 공간, 도시 생활이 대면하는 활기찬 대결의 장이 되는 것이다.

Gabriele Mastrigli

contrary, as modern legacy suggests, architecture can be the critical instrument through which it formulates a judgment about the city and its past. All of that implies to see the metropolis as a theatrical machine in which cultural heritage would play a crucial role, not only as a bridge between ancient and modern traditions, but also as the most vital terrain of confrontation between institutions, urban space and city life.

덕수궁-서울 야외 프로젝트

안창모

《덕수궁 - 서울 야외 프로젝트: 기억된 미래》는 2012년에 시작해서 2017년 대중의
폭발적 반응을 이끌어낸 '덕수궁 프로젝트'를 국립현대미술관이 의욕적으로
진화시킨 프로젝트다. 덕수궁은 우리가 겪있던 근대사가 농축된 장소였지만,
제대로 된 모습을 세상에 드러낸 적이 없었다. 지난 10여년 사이에 근대사에
대한 연구가 활발해지고, 조선에서 대한제국 그리고 대한제국에서 일제강점기로
넘어가는 시기의 역사적 실체가 하나 둘씩 밝혀지면서 우리 근대사의 진실이
드러나고 있다.

그러나 일제에 의해 조작된 역사의 전모를 밝혀내고, 실증주의의 탈로
세뇌시킨 우리의 의식 전반이 바뀌기에는 얼마나 더 많은 노력과 시간이 필요할지
짐작하기는 쉽지 않다. 역사학계의 움직임은 여전히 신중하며 넘어야할 산이 많다.
때문에 덕수궁 프로젝트가 처음 기획되었을 때 필자는 기대가 무척 컸다. 작가들이
소통하는 방식은 역사학자들과는 다르기 때문이다. 논증의 과정보다는 작가적
해석이 갖는 대중과의 소통의 힘이 있기 때문이다.

19세기에 서구세계로부터 개항을 요구받았던 조선은 처음에는 버텼지만,
곧 개항은 피할 수 없는 대세라는 점을 인지했고, 조선은 이 문제에 적극 대응했다.
그 첫 시작은 왕권을 바로 세우는 작업이었고, 왕권을 바로 세우는 작업의
베이스캠프는 종친부(현 국립현대미술관 서울)였다. 이 점에서 본다면 종친부

ARCHITECTURE AND HERITAGE

AHN CHANG-MO

Architecture and Heritage: Unearthing Future evolved from *Deoksugung Project* that
started in 2012 and met the public's ardent reception in 2017, with enthusiastic efforts
by the National Museum and Modern and Contemporary Art, Korea. Even though
Deoksugung Palace is a place with concentration of our modern history, the world
has never seen its full facets in earnest. As the research into the Korean modern
history has gained traction over the last 10 years and the history of transition from
Joseon Dynasty to the Korean Empire, then to the Japanese occupation became
better substantiated, the truths of our modern history are gradually coming to light.

However, it is not easy to conjecture how much effort and time it will take
to reveal all that has been fabricated by the Japanese and change our general
perception that has been indoctrinated with the mask of positivism. Academic
historians still step prudently and there lies many obstacles ahead. For this reason,
I was full of anticipation when *Deoksugung Project* was first announced given that
artists communicate very differently from historians. There is a power to be reaped
from the communication with the public through artistic interpretation rather than
through archaeological demonstration.

When called upon by the west to open its ports in the 19th century, Joseon
resisted at first but soon recognized that opening ports was an inevitable current
of the time, thus took a proactive stance against the issue. The first step was to
reestablish the sovereign power, with a base camp at the Office of the Royal
Genealogy (current MMCA Seoul). With this in mind, MMCA Seoul, standing on

터에 자리 잡은 국립현대미술관 서울의 입지는 《덕수궁 – 서울 야외 프로젝트》를 시작하기에는 더 할 나위 없는 최적의 장소라고 할 수 있다.

왕권을 바로 세운 조선은 1876년 부산항 개항으로 시간을 벌었고, 1883년에 인천항을 열면서 서구와 직접 거래하기 시작했다. 그러나 기존의 국가 체제로는 유럽 중심으로 재편된 세계질서에 대응하는 것이 현실적으로 어렵다는 것을 파악한 고종은 새로운 국가체제를 출범시켰다. 대한제국을 출범시긴 것이다. 그리고 대한제국의 정궁이 된 덕수궁의 곳곳에는 대한제국이 어떻게 주권을 수호하고, 세계체제의 일원이 되고자 노력했는지가 고스란히 담겨 있다. 따라서 종친부 터에 세워진 국립현대미술관 서울에서 덕수궁으로 이어지는 《덕수궁 – 서울 야외 프로젝트》는 대한제국의 역사를 배경으로 미술관의 도시적 맥락을 드러내는 최적의 현장인 셈이다.

덕수궁이 품고 있는 근대는 우리의 문제였지만, 유럽에서 출제한 '근대'의 문제는 좁게는 아시아 넓게는 비서구 세계가 극복해야했던 공동의 문제였기에 우리의 현장을 그들과 함께 공유하는 것은 우리의 근대사를 '우리와 일본의 관계', '그들과 그들을 핍박했던 서구 국가와의 관계'를 넘어 '우리 모두'의 공통된 문제라는 보편적 관점으로 접근하는 시작이라는데 의미가 있다고 할 수 있다. 모두가 이러한 거대 담론 시각에서 대한제국이나 《덕수궁 – 서울 야외 프로젝트》를 바라볼 필요는 없겠지만, 대한제국의 본질을 이해하고 대한제국을 다루는 이 프로젝트를 보다 더 잘 이해하기 위해서는 우리의 시선이 우리의 역사나 우리 것을 넘어서야한다.

이는 국립현대미술관이 밝힌 전시 목적에서도 잘 나타난다. 국립현대미술관은 본 전시에서 '전통과 근대 시기 건축물과 현대 건축의 조화를 통한 역사와 문화에 대한 재해석'을 시도하고, 동시에 '개항의 시기를 공유했던 아시아 지역에서 활동하는 건축가들이 바라보는 근대건축유산, 글로벌리즘, 범아시아의 개념을 바탕으로 오늘날 바라 본 미래의 모습을 상상하는 프로젝트'라고 취지를 설명하고 있다.

인접한 아시아 각국의 작가들이 유사한 근대기 경험을 자신들의 입장에서 재해석함으로써, 서구의 근대를 수동적으로 받아들일 수밖에 없었던 역사를 극복하고, 수용자로서의 입장이 아닌 아시아 각국이 서로에 대한 이해를 바탕으로 공감과 연대할 수 있는 기회라는 점에서 이번 《덕수궁 – 서울 야외 프로젝트》는 이전 프로젝트에서 한 걸음 더 나아간 프로젝트라고 할 수 있다.

전시의 영어 제목에서도 언급되는 '발굴하기unearthing'란 '모래사장에서 바늘 찾기finding a needle in a haystack'와 같은 것이어서, 매우 어려운 작업이지만, 제대로

Ahn Chang-mo

the former site of the Office of Royal Genealogy, is unquestionably an ideal place for launching this project, *Architecture and Heritage*.

With the sovereign authority firmly established, Joseon earned some time by opening the port of Busan in 1876 and began trading directly with the west by opening the port of Incheon in 1883. It did not take Gojong long to soon realize that it is not realistic to respond to the new world order with the traditional state system when the center was moving towards Europe. He inaugurated a new state system—the Korean Empire. Traces of the efforts to protect the sovereignty and become a member of the world order are visible throughout Deoksugung, the principal palace of the Korean Empire. *Architecture and Heritage*, spanning MMCA Seoul built on the site of the Office of Royal Genealogy and Deoksugung, is then in the best setting to illustrate the urban context of the museum against the background of the history of the Korean Empire.

The modern era that Deoksugung was impregnated with was our problem, but the matter of the 'modern era' put forth by Europe was a universal one that had to be unraveled by all of Asia, and more generally, by the entire non-west. In this regard, sharing of our sites with them is a significant step towards reckoning our modern history as a universal problem for 'all of us' beyond 'our relationship with Japan,' or 'the relationship between the west and those repressed by the west.' There certainly is no need for everyone to see the Korean Empire or *Architecture and Heritage* from the perspective of such discourse, but to understand the true nature of the Korean Empire and to better understand this project on the Korean Empire, our view has to go beyond our history or our culture.

This is also made clear in the objective of the exhibit laid out by MMCA. The museum explains the intent of the exhibition as 'the project to reinterpret history and culture through harmony of tradition, modern built environment and contemporary architecture,' and 'to visualize the future from today's viewpoint based on the modern architectural heritage, globalism, and Pan-Asianism seen by the architects who are active in Asia that shared the time of opening ports.'

It is fair to say that *Architecture and Heritage* goes one step further than the previous edition; the architects from neighboring Asian countries reinterpret the similar experiences of the modern era from each of their points of view, engendering an opportunity to overcome their own history as passive recipients of the modern west and to form a camaraderie among Asian countries based on the understanding of each other, rather than on their positions as mere recipients.

'Unearthing' is a very difficult process akin to finding a needle in a haystack. However, taking into consideration that only the proper unearthing will lead to the correct interpretation, finding an appropriate location with the history of the Korean Empire, carefully unearthing the seeped history and reinterpreting the finds, is at the core of this project. For the architects invited to this exhibit, finding

발굴이 이루어져야 해석도 바르게 될 수 있다는 점을 감안하면, 대한제국의 역사가 담긴 적절한 장소를 찾아서 장소가 품은 역사를 심도 있게 발굴하고 발굴의 성과를 재해석하는 것은 이 프로젝트의 핵심이라고 할 수 있다. 바로 이러한 관점에서 보자면 전시에 초대받은 작가들이 자신들의 작품이 놓일 최적의 장소를 찾는 것은 숨겨진 보물찾기와 같다고 할 수 있다. 따라서 작가들의 작업은 작품 자체 못지않게, 작품이 놓이는 장소가 함께 평가받아야 하는 중요한 부분이다.

덕수궁은 서울에 있는 다섯 궁궐중 하나지만, 규모나 정통성 측면에서 경복궁, 아름다움 측면에서 보면 창덕궁에 비교할 수 있는 규모나 아름다움을 가진 궁궐이 아니다. 따라서 경복궁이나 창덕궁을 바라보는 시선으로 덕수궁을 바라보아서는 안 된다. 규모로 보면 경복궁에 비할 바 없이 작고, 창덕궁처럼 아름다운 전각이나 후원도 없기 때문이다. 중요한 것은 덕수궁은 다른 4개의 궁궐과 달리 '고궁이 아닌 근대궁궐'이라는 점. 그리고 도시와 호흡하며 도시의 변화가 궁궐에 그리고 궁궐의 변화가 도시에 직접적으로 연계 되어 반응하는 궁궐이라는 점이다.

이러한 덕수궁의 정체성을 대비적으로 표현한 프로젝트가 OBBA의 작업과 뷰로 스펙타큘러의 작업이다. 덕수궁은 작은 궁궐이지만 2개의 정전을 가진 궁궐이다. 하나는 서양의 신고전주의 건축을 가진 석조전이고 다른 하나는 전통적 형식의 정전인 중화전이다. OBBA와 뷰로 스펙타큘러의 프로젝트는 상반된 성격의 정전을 배경으로 하는 작업이나.

덕수궁 최초의 정전인 석조전을 마주하고 있는 뷰로 스펙타큘러의 〈미래의 고고학자〉는 고종황제가 대한제국을 출범시키며, 최초의 정전을 신고전주의 건축으로 지은 의지와 닿아있다. 뷰로 스펙타큘러는 상승된 시야를 통해 격변기의 근대적 조망을 담고자 했는데, 이는 신고전주의 건축양식의 정전을 통해 대한제국이 서양식 근대국가를 지향하며, 이를 운영할 능력이 있음을 선언하고자 했던 고종이 가졌던 비전의 현대건축 버전으로 읽혀질 수 있다. 이에 반해 OBBA작업은 전통 형식의 정전인 중화전 앞 마당에 자리를 잡았다. 뷰로 스펙타큘러의 작업이 장소에 대한 수직적 해석이라면, OBBA의 〈대한연향〉은 전통 가리개의 형태를 본 뜬 기능적 구조물들을 박석의 표면 위에 수평적으로 고루 펼쳐 놓았다. OBBA는 전통건축의 가변성에 주목하고, 전통공간을 구성하는 가변적 장치에 착안한 유연하고 변화에 대응하는 장치를 만들었는데, 그늘이자 곧 벤치의 역할을 이 오브제들은 햇빛, 바람, 방문객들의 상호작용으로 인해 이 장소를 매우 동적인 곳으로 변화시켰다.

CL3의 〈전환기의 황제를 위한 가구〉는 함녕전 권역에 공식성과 비공식성을 이동 가능한 가구에 담았다. 우리의 전통건축은 하나의 기능에 하나의 공간 그리고

Ahn Chang-mo

the most ideal location for their work is like a treasure hunt. As such, the installation sites are just as important aspects of evaluation as the works themselves.

Though Deoksugung is one of the five palaces in Seoul, it does not have the scale or the authority of Gyeongbokgung Palace, nor the beauty of Changdeokgung Palace. It is much smaller than Gyeongbokgung, and lacks stunning buildings or gardens like those in Changdeokgung. Deoksugung thus should not be appreciated with the same standards one would apply to the other palaces. Its significance lies in its identity as the 'modern, not ancient palace' unlike the other four palaces, and as the palace that breathes with and reacts to the city so that the changes of the city and that of the palace are interdependent.

Deoksugung's identity is embodied in the contrasting works by OBBA and Bureau Spectacular. Deoksugung may be small but has two main buildings: neoclassical Seokjojeon Hall and traditional Jungwhajeon Hall. The two projects are set against these buildings of conflicting characters.

Bureau Spectacular's project *Future Archaeologist*, facing Seokjojeon, the first main building of Deoksugung, recalls Emperor Gojong's intention for building the hall in no other style than neoclassism at the time of the inauguration of the Korean Empire. Bureau Spectacular attempts to reproduce the modernist perspective of the turbulent times through the elevated viewpoint; this can be read as the contemporary version of Emperor Gojong's vision, which proclaimed via the neoclassical building that the Korean Empire aims for a modern state of the West, and is capable of managing it. On the other hand, OBBA's work is located in the courtyard of Jungwhajeon, the traditional main building. While the work of Bureau Spectacular is a vertical interpretation of its location, OBBA's *Daehan Yeonhyang* spreads functional structures shaped like traditional sun shades horizontally on the pavement stones. OBBA attended to the adaptability of traditional architecture and made an installation that is flexible and responsive to changes, inspired by the versatile apparatuses that constituted traditional spaces. These structures, acting as both shades and seats, transform their locale into a very dynamic place by interacting with sunlight, wind, and the visitors.

CL3's *Furniture for an Emperor in Transition* conveys formality and informality signified by the vicinity of Hamnyeongjeon Hall through moveable furniture. In Korean traditional architecture, one function and one structure correspond to one space. Because spaces were planned based on independent units, there used to be a border between Hamnyeongjeon and the neighboring Deokhongjeon Hall. However, the border was removed during the Japanese occupation by the government general who turned Deoksugung into a park, consequently blurring the division between official and private spaces. Had the moveable furniture of CL3 been positioned on the absent border, it would have yielded a stronger manifestation of the history and locality of Deoksugung that the furniture bears.

하나의 구조물이 대응하는 건축이다. 그렇게 독립적 성격을 갖는 공간 단위로 구획되기에 함녕전과 이웃한 덕흥전 사이에는 경계가 존재했지만, 일제강점기에 덕수궁을 공원화한 총독부에 의해 경계가 소멸되어 사적 공간과 공적 공간이 혼재되고 말았다. CL3의 이동 가능한 가구가 사라진 경계에 위치한다면 덕수궁의 역사와 장소성을 품은 가구를 통해 자신의 구상이 근사하게 드러날 수 있었을 듯하다.

한편, 스페이스 파퓰러는 광명문의 어칸에 〈밝은 빛들의 문〉을 설치했는데, 정전 마당으로 진입하는 중화문에 설치되었어도 좋았을 작품이나, 고종의 마지막 나들문이 된 광명문도 충분히 '빛의 문'을 품에 안을 자격이 충분하다. 더욱이 작품의 영상이 다루는 변화하는 소통의 매체로서의 건축과 미디어 환경을 바라보았을 때, 새로운 유형의 건축물과 도시 가로 개편으로 건조 환경을 변화시킴과 동시에 매체로서 독립신문을 후원하며 근대 국가의 이미지를 백성과 소통하던 황국의 의지와도 맞닿아 있다 하겠다.

마지막으로 오브라 아키텍츠는 삼일만세운동에서 민주화운동 그리고 촛불집회로 이어지는 우리의 현대사를 품은 컨셉으로 국립현대미술관 서울의 미술관 마당에 파빌리온을 만들었다. 왕권을 바로세우고 근대를 정면으로 마주하기 위한 조선의 마지막 개혁의 심장부가 종친부(현 국립현대미술관 서울)였으므로 오브라 아키텍츠의 컨셉에 맞는 장소로 미술관 마당은 손색이 없다. 다만, 조선의 마지막 개혁정치의 현장에서 대한제국으로 이어지는 길목인 광화문 광장 한 복판을 선택했다면 작가의 컨셉이 더욱 빛났을 것이다. 전시 기획 단계에서 실제 광화문 광장에 이 작품을 설치하기 위해 미술관 측에서 서울시와 협의를 거쳐 심의까지 거쳤지만 결국 불발된 것을 생각하면 아쉬운 부분이다.

금번 《덕수궁-서울 야외 프로젝트》의 기획은 확실히 이전의 덕수궁 프로젝트에서 한발 더 나아갔다. 역사적 공간의 서사에 개입하는 건축가들의 스토리텔링은 공간 자체에 대한 일시적 변형으로 나타나기 때문이다. 자크 랑시에르는 역사와 허구와의 관계를 이야기 하며, 실제하는 것이 생각을 불러일으키기 위해서는 허구화되어야 한다고 말했다. 허구의 건축술은 장소, 벽, 사람들에 새겨져 있는 흔적sign들을 판독하고 재배치하는 것이다.[1] 문화유산으로써의 건축물을 역사적 실제, 혹은 실증적 흔적이라 했을 때 그것을 꿰어 이야기로 만드는 것은 역사학자들이 예술의 영역에서 배워야 할 부분이 아닐까 한다. 아름다운 시각적 이미지이자 참여를 유도하는 공간으로 재탄생한 이번 전시의 작품들 속에서 역사를 읽는 다채로운 감각들이 살아나기를 기원한다.

1 Jacques Ranciere, *The Politics of Aesthetics*, trans. Gabriel Rockhill (London and New York: Continuum, 2004), 35-38. 프랑스어로 출판된 원본은 다음 참조. *Le Partage du sensible: Esthétique et politique* (Paris: La Fabrique-Editions, 2000).

Ahn Chang-mo

Space Popular installed *Gate of Bright Lights* in the middle doorway of Gwangmyeongmun Gate. Jungwhamun Gate that leads to the courtyard of the principal building would have been another apt location for the work, but Gwangmyeongmun is also perfectly qualified for the 'gate of light' as it served as Gojong's last passageway. The changing nature of architecture and media as means of communication depicted in the video corresponds with the will of the Empire that sought to communicate the image of the modern state to the people by transforming the built environment with buildings of the new kind, and urban street reform, as well as supporting such media as *Dongnip Sinmun* (The Independent).

Lastly, Obra Architects built a pavilion in the courtyard of MMCA Seoul with the concept of encompassing our contemporary history dotted with the March First Independence Movement, pro-democracy movements, and candlelight vigils. Since the Office of Royal Genealogy (current MMCA Seoul) was the heart of last reform of Joseon to reestablish the sovereignty and to boldly face the modern era, the museum courtyard is an appropriate site for Obra Architects' objective. However, placing the piece right at the center of Gwanghwamun Plaza, the passage that goes from the site of the last political reform to that of the Korean Empire, would have made the architects' idea shine even brighter. It is more so, when knowing the museum did discuss the installation of this work at Gwanghwamun Plaza with the Seoul City and even reached deliberation during the planning stage of the exhibition, but it fell through in the end.

This year's *Architecture and Heritage: Unearthing Future* has certainly gone a step further than the previous *Deoksugung Project*. The storytelling by the architects who intervene in the historical narratives of the sites takes the form of a temporary transformation of the spaces. On the relationship of history and fiction, Jacques Rancière said that the real must be fictionalized in order to be thought. Architecture of fiction decodes and rearranges the signs inscribed in places, walls, and people.[1] Regarding buildings of cultural heritage as a historical reality, or positivistic traces, historians could learn from how art links them into a story. The works presented in this exhibition—not only aesthetically pleasing, but also as recreated spaces that invite participations from the visitors—will awaken diverse sensibilities with which to read history.

1 Jacques Ranciere, *The Politics of Aesthetics*, trans. Gabriel Rockhill (London and New York: Continuum, 2004), 35-38. Originally published as *Le Partage du sensible: Esthétique et politique* (Paris: La Fabrique-Editions, 2000).

밝은 빛들의 문

스페이스 파퓰러

21세기에 가장 숭배받는 장소로 향하는 문들은 가상에 존재한다. 스마트폰 화면, 가상현실 안경, 곧 나올 증강현실 렌즈까지, 어디에나 존재하는 전자 인터페이스들은 우리가 온라인상의 삶에 접속하기 위해 거쳐 가는 문이다. 서울 중심에 위치한 덕수궁 내에는 화려한 모습의 광명문이 자리잡고 있다. 이 광명문의 중앙 출입구를 액자 삼은 스페이스 파퓰러(라라 레스메스, 프레드리크 헬베리)의 비디오 설치 작품 〈밝은 빛들의 문〉은 단청으로 장식된 과거의 문을 지나 미래로 향하는 가상의 문으로 들어서도록 우리를 이끈다.

역사적으로 왕궁은 일종의 대중매체로 기능해 온 건축물이다. 아름답게 쌓아 올린 석재로 무장하고, 정교한 기둥으로 지탱하며, 화려하게 장식된 웅장한 처마가 보호하는 궁의 건축. 이 건축은 그 안의 신비와 장엄을 상상해 볼 수 조차 없었던 사람들에게 메세지를 전하며, 그럼으로써 공정하고 올바른 통치라는 이상을 지어 올린다. 이러한 미학적 노력은 궁의 담벼락에서 끝나지

않고 왕족의 물건과 의복, 예법이 빚어내는 깊은 층위까지 이어진다. 결국 이러한 시도는 연약한 정치적 영역을 유지하기 위해 필요했던 시각과 공간을 통한 포괄적인 소통의 시스템을 만들어낸다. 궁을 둘러싼 구조물들에는 특정한 왕정이나 종교를 나타내는 색상과 장식만 사용하도록 제한하는 경우가 많은데, 이를 통해 건축 언어를 엄격하게 규정하는 체계가 형성된다.

그 체계 안에서 궁의 문보다 더 중요하고 큰 의미를 지니는 건축 요소는 드물다. 대부분의 가정에 텔레비전이 보급되기 전인 1950년대, 상점 진열창에 놓인 텔레비전 화면에서 번쩍이던 주문을 거는 빛이 그러했듯이 궁의 문이란 세속과 성스러움, 살아가는 자와 상상의 대상 사이에 존재하는 궁극의 인터페이스다.

현재 남아있는 전 세계 대부분의 왕궁들이 그렇듯이, 서울의 덕수궁도 이제는 더 이상 지배자를 위한 대중매체로 기능하지 않는다. 그 대신 역사적이 랜드마크로서 사랑과 존중을

GATE OF BRIGHT LIGHTS

SPACE POPULAR

In the 21st century the gates to the most revered places are virtual. The omnipresent electric interfaces such as the screens in our smartphones, VR goggles and soon AR lenses are now the portals through which we access our digital lives. Situated in the central doorway of the richly decorated Gwangmyeongmun Gate at Deoksugung Palace in central Seoul, *Gate of Bright Lights*, a site-specific video installation by Space Popular (Lara Lesmes, Fredrik Hellberg), takes visitors on a journey through the *dancheong* styled gates of the past and into the world of the virtual gateways of the future.

Royal palaces have historically been a form of architectural mass media. Fortified with decoratively laid stones, held up by intricate columns and sheltered by highly ornate grand eaves, the architecture of the palace spoke to those whom it was keeping out of a mystique and splendor beyond their wildest imagination and, in doing so, constructed an ideal of just and right governance. The commitment to such an aesthetic endeavor did not stop at the walls of the palace but continued into the deepest layers of royal artefacts, clothing and decorum creating a comprehensive system of visual and spatial communication essential to maintain fragile political domains. The structures surrounding the palace were also often disciplined to ensure that the colors and ornamental systems used were exclusive to the monarchy or religion, resulting in a grammar of sorts where the syntax of architectural language was tightly controlled.

Few architectural elements in this grammar were more important and loaded with meaning than the palace gate. Like the spellbinding light from a television screen in a 1950's shop window (before most homes had them), it was the ultimate interface between the profane and the sacred, the lived and the imagined.

As most palaces around the world in the 21st century, Deoksugung in Seoul no longer serves as mass media for a ruler. Instead, it is a much loved and respected historical landmark, open to the public in a hyper modern capital of a democratic state. Its richly ornate *dancheong*

〈밝은 빛들의 문〉, 렌더링 이미지, 2019
Gate of Bright Lights, rendered image, 2019

받으며 민주국가의 초현대적인 수도에서 대중에게
개방되어 있다. 덕수궁의 화려한 단청 장식은 더
이상 권력이 아니라 공예, 아름다움, 전통이라는
메시지를 전달한다. '밝은 빛들의 문'이라는 뜻을
지닌 광명문을 통과하는 것은 예전처럼 신성한
도약으로 인식되지 않는다.

　　일제강점기에 덕수궁이 그 지위를 잃은 뒤
그 모습이 많이 바뀌었던 1933년 무렵, 건축은
범세계적인 변화라는 급진적 상황에 놓여 있었다.
국제주의 양식을 표방한 이 시기의 현대적
건물들은 더 이상 단청 같은 장식적 시각 언어로
의사소통을 하지 않아도 되었기 때문이다. 그 대신
사람의 목소리를 전세계에 동시 송출하는 것이
가능해지면서, 대량으로 인쇄되는 신문이나 라디오
방송 등의 신매체가 지배자와 피지배자 사이의
새로운 인터페이스가 되었다. 20세기 중반, 궁의
대문 역할을 이어받은 것은 가정에 놓인 텔레비전
화면의 번쩍이는 빛이었다. 이에 대한 가장 비근한

〈밝은 빛들의 문〉, 렌더링 이미지, LED 스크린 쪽의 모습, 2019
Gate of Bright Lights, rendered view of the LED screen side, 201[

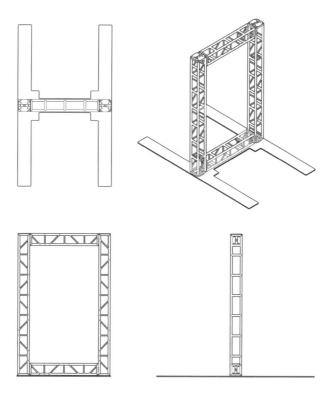

〈밝은 빛들의 문〉, 구성도, 2019
Gate of Bright Lights, schematic diagram, 2019

〈밝은 빛들의 문〉, 렌더링 이미지, 거울 쪽의 모습, 2019
Gate of Bright Lights, rendered view of the mirror side, 2019

surfaces now communicate craft, beauty and heritage rather than authority, and passing through its monumental Gate of Bright Light, or Gwangmyeongmun is no longer the divine leap it once was.

When Deoksugung was decommissioned and largely destroyed in 1933 during the Japanese occupation, architecture was in a radical state of global transformation as the modern buildings of the International Style no longer had to communicate through the visual languages of ornamentation such as *dancheong*. In its place, new media such as mass printing of newspapers and radio broadcasting became the new interface between ruler and subject as one voice could be heard throughout the world simultaneously. In the mid-20th century, the new palace gates were the shining lights of the television screens in everyone's homes, as was perfectly illustrated by the televised coronation of Queen Elizabeth II in 1953, viewed live by an estimate of 277 million people worldwide.

〈밝은 빛들의 문〉, 비디오 스틸, 2019
Gate of Bright Lights, video still, 2019

예는 바로 전 세계 2억 7700만 명이 텔레비전 생중계로 지켜본 1953년 영국 여왕 엘리자베스 2세의 즉위식이었다.

그로부터 60여 년이 지난 지금, 새로운 '밝은 빛들의 문'은 이제 우리 주머니에 들어갈 정도로 작아졌으며, 역사상 가장 민주화된 과정을 통해 누구든지 세계 각지에서 방송을 송출할 수도 그리고 송출 받을 수도 있게 만들어 주었다. 또한, 소셜 미디어, 웹사이트, 블로그를 통해 저마다 자신의 궁에서 지배자가 되고, 이 궁의 문은 하나로 연결된 디지털 세상의 플랫폼과 인터페이스를 통해 대중에게 열려 있다. 우리의 삶에서 갈수록 더 큰 비중을 차지하는 이 새로운 가상 궁전들은 매우 정교하게 구성된 단청 장식이 그러했듯이 아이콘과 버튼, 링크, 피드로 신중하게 구성되고 다양한 색과 폰트, 레이아웃, 그래픽으로 공들여 장식된다.

세계에 더 밝고 선명하며 커다란 문, 즉 화면을 공급하고 있는 현대 한국에서 이 시대의 '단청장(丹靑匠)'들은 귀한 물감 대신 픽셀과 빛으로 그림을 그리고 있다.

그 접근성과 이동의 혁명을 추적하는 이번 비디오 설치 작품은 문의 중앙 통로를 다시 한 번 가로막을 테지만 이를 통해 우리 시대의 '밝은 빛들의 문'은 새로운 궁으로 들어서는 길을 열어 줄 것이다.

Space Popular

〈밝은 빛들의 문〉, 비디오 스틸, 2019
Gate of Bright Lights, video still, 2019

60 years later, the new gates of bright lights fit in our pockets, allowing anyone to both receive and broadcast to the entire world in the greatest democratization process the world has ever seen. Through social media, websites and blogs, everyone is now the ruler of their own palace with gates open to the public through the platforms and interfaces of a connected digital world. These new virtual palaces in which we increasingly live our lives are much like the highly structured ornamental system of *dancheong*, carefully ordered through icons, buttons, links, and feeds and laboriously decorated with colors, fonts, layouts and graphics.

In contemporary South Korea, which today provides the world with ever brighter, clearer and bigger gates, or screens, the *dancheongjang* of our time paints with pixels and light instead of rare and precious pigments.

By tracing this revolution of access and movement, the site-specific video installation physically blocks the central doorway once more, yet gives access to the new palace, through the gate of bright light of our era.

〈밝은 빛들의 문〉, 남쪽에서 바라본 모습, 2019
Gate of Bright Lights, view from the south, 2019

Gate of Bright Lights

〈밝은 빛들의 문〉, 저녁의 설치 전경, 2019

Gate of Bright Lights, evening view, 2019

⟨밝은 빛들의 문⟩, 서쪽에서 바라본 모습, 2019
Gate of Bright Lights, view from the west, 2019

〈밝은 빛들의 문〉, 북쪽에서 바라본 모습, 2019

Gate of Bright Lights, view from the north, 2019

〈밝은 빛들의 문〉, 설치 전경, 2019
Gate of Bright Lights, installation view, 2019

〈밝은 빛들의 문〉, 설치 전경, 2019

Gate of Bright Lights, installation view, 2019

전환기의 황제를
위한 가구

씨엘쓰리

이주, 타의에 의한 이동, 거주지의 전환, 임시 거처 등은 과도한 개발과 정치적 개혁, 기후 변화 때문에 일어나는 현대 도시의 문제들이다. 자연재해, 경제·정치적 변화, 전쟁에 의해 집을 잃는 사람들이 생겨나는 가운데, 아시아에서 이뤄지고 있는 급속한 도시 개발 역시 주거 문제를 초래해 왔다. 그리고 영속성과 견고함, 정체성과 상징성이라는 전통적 개념은 현대 도시에서 다양성과 이동성, 유동성과 융통성이라는 새로운 개념에 자리를 내주었다.

하지만, 아시아에서 일어나고 있는 이런 변화와 발전 속에서 풍부한 문화 유산이 잊혀져서는 안 될 것이다. 그러한 의미에서 이 작품은 일련의 가구들을 통해 이동과 이주라는 현대적 개념을 다루는 동시에 현시대의 디자인과 건축에서 간과되기 일쑤인 문화적 맥락을 짚어 보려고 한다.

덕수궁은 전환기에 세상에 직면했던 용기 있는 황제의 이야기가 담긴 장소로서, 조선의 마지막 왕이자 대한제국의 첫 번째 황제였던 고종이 살았던 곳이다. 대한제국 시기 고종은 중첩과 전환의

과도기를 겪었다. 그는 왕에서 황제로 즉위하였고, 나라 안을 향했던 사고는 서구를 향해 개방하였다. 대한제국의 현대화와 산업화를 받아들이는 동시에 다른 한편으로는 외교 문제와 외세의 침략에 맞서야 했다. 또한, 안정과 견고함을 유지하고자 노력하는 와중에도 전환과 변위의 불안정이 공존하는 삶을 살았다.

덕수궁의 도면을 살펴보면 두 개의 축을 볼 수 있다. 그 중 하나는 중화전으로 이어지는 의례의 축이며, 그보다 덜 공식적인 다른 축은 함녕전으로 이어진다. 함녕전은 황제의 침전으로 주로 쓰였지만 고위 관원들과 모여 국정을 논의하는 곳으로 쓰이기도 했다.

씨엘쓰리(윌리엄 림)는 이 궁 안의 삶을 상상하면서, 안뜰, 즉 건물과 건물 사이에 위치하여 중첩과 이동성에 중점을 둔 전환의 공간에 흥미를 가졌다. 그 중 함녕전 앞 안뜰은 공식 일정과 일상이 공존하는 또 다른 중첩의 장소로서 기능한다. 그 안뜰에서 관객은 황족과 하인들의

FURNITURE FOR AN EMPEROR IN TRANSITION

CL3

Migration, displacement, transition and temporary occupation of a place are contemporary urban issues due to over-development, political transformations, and climate change. While natural disasters, economic shifts, political changes and wars lead to displacement of homes, rapid development of cities in Asia also leads to problem in housing its people. And the traditional concepts of permanence, solidity, identity and symbolism give way to multiplicity, mobility, flexibility and adaptability in contemporary cities.

While facing this phenomenon of transition and progression in Asia, our rich cultural history should not be forgotten. With this in mind, this series of furniture explores the issues of contemporary concepts of mobility and displacement while re-taining a reference to a cultural context that is often neglected in contemporary design or architecture.

Deoksugung Palace contains the story of a brave emperor who faced a world in transition. Gojong, the last King of Joseon and the first

Emperor of Korea, resided here. He lived through a series of overlaps and transitions: not only did he become an Emperor from a King, the nation opened up to the West beyond seclusive thinking. Gojong was at once welcoming the modernization and industrialization of Korea, and facing diplomatic issues and worries of foreign invasion. It was a period of instability, transitions, and displacement while attempting to maintain stability and solidarity.

Deoksugung has two main axes: the ceremonial axis leading to Junghwajeon Hall, and the less formal axis leading to Hamnyeonjeon Hall. Hamnyeongjeon, also a dialectical site on its own, was primarily used as Gojong's bedchamber, and occasionally functioned as a place for his official duties.

When CL3 (William Lim) imagined the life within the palace, he was more drawn to the courtyards, the transitional spaces from one building to another, where overlap and mobility become the theme. The courtyard in front of Hamnyeongjeon complements the hall as another

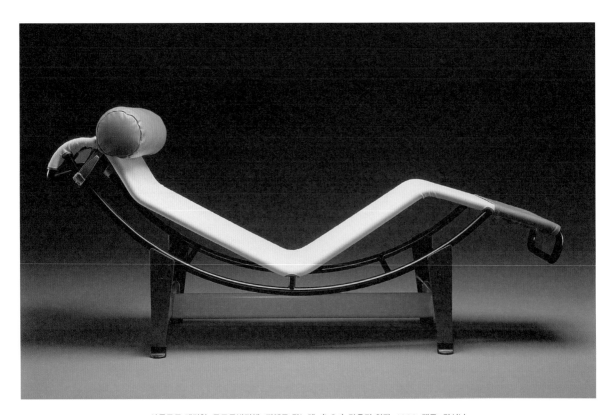

샤를로트 페리앙, 르코르뷔지에, 피에르 잔느레, 〈LC4〉 라운지 의자, 1929. 제조: 카시나
Charlotte Perriand, Le Corbusier, Pierre Jeanneret, *LC4 Chaise Longue*, 1929. Manufacturer: Cassina

행로가 겹치는 모습을 그려 볼 수 있을 것이다.

아시아의 많은 도시에서 자주 볼 수 있는
손수레는 씨엘쓰리가 지속적으로 연구해 온 주제
중 하나이다. 손수레의 이동성은 여러 방면으로
쓸모가 있으며, 아시아의 도시에 부차적인 삶의 결을
부여한다. 또한, 기후 변화와 급변하는 세계 경제의
영향으로 인해 야외 활동과 잦은 이동을 동반하는
생활 방식은 빠르게 진화하는 우리의 도시에 또
하나의 결을 더했다. 씨엘쓰리는《덕수궁 – 서울
야외 프로젝트: 기억된 미래》전을 위해 전환기를
살아가는 황제를 위한 이동 가능한 가구들을
디자인했는데, 바퀴가 달린 이 가구들을 통해
이동성과 변위, 융통성이라는 개념과 함께 섬기는
자와 섬김 받는 자의 중첩을 탐구한다.

작품을 이루는 일련의 가구들은 의례, 사회성,
기능, 재미라는 4가지 측면을 담고 있다. 황실
가마와 한국의 전통 가구에서 영감을 받은 이
가구들은 고종을 모시기 위해 대기하는 신하들처럼

함녕전 앞에 의례의 법식에 따라 놓이게 된다.
이동식 가구인 이 작품의 디자인은 아시아의 미학을
반영하며 수평을 극대화하는 동시에 인체 공학적
측면을 고려하고 있다. 그리고 책상이나 수납
공간 같은 현대적 기능을 포함해 전통과 중첩되는
이 시대의 신유목민적인 생활방식을 함축한다.
작품에 부착된 태양광 패널은 조명을 위한 전기를
생산하면서 우리의 지속 가능한 미래를 위한 환경
의식을 환기하고, 동시에 이 작품의 몇몇 가구들에
담긴 해학적인 요소는 이 궁의 암울한 역사와
대조를 이루기도 한다.

옥좌에서 영감을 받은 격식 있는 디자인의
의자, 그리고 샤를로트 페리앙과 르코르뷔지에가
디자인한 가구에서 윤곽선을 빌려온 라운지 의자와
정원용 수납 가구, 침대, 시소를 포함하는 이 작품은
한국을 비롯한 아시아 문화권에서 예로부터 사용해
온 놋쇠, 도자, 옻칠 등의 전통 소재와 기법들에
대한 탐구의 결과이다.

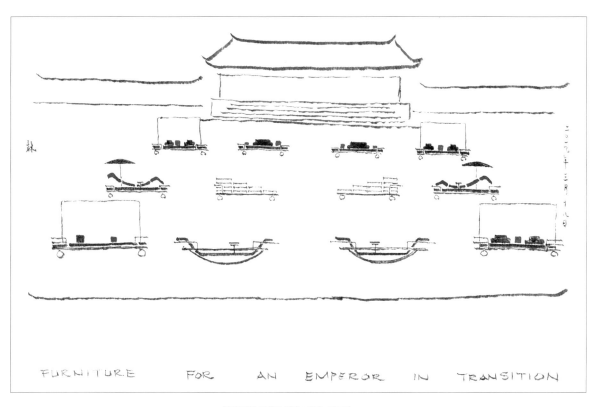

〈전환기의 황제를 위한 가구〉, 드로잉, 2019
Furniture for an Emperor in Transition, drawing, 2019

site of overlap between the ceremonial and the quotidian. One can imagine the overlapping paths between the royalty and the servants.

The pushcart, as a dominant component of many Asian cities, has been a topic of CL3's ongoing research. The mobility of the pushcarts serves multiple purposes and gives a secondary layer of life to the Asian cities. And with the impact of climate change and the world's shifting economy, open air activities and a nomadic lifestyle have become other layers of urban fabric in our rapidly evolving cities. CL3's design for *Architecture and Heritage: Unearthing Future* aims to create a series of mobile furniture for an emperor in transition. The furniture on wheels explores the notion of mobility, displacement, adaptation, as well as the overlap of the server and the served.

The series of furniture is conceived on four aspects: ceremonial, social, functional, and playful. Inspired by the imperial carriages and traditional Korean furniture, the furniture will be laid out in a ceremonial order in front of

Hamnyeongjeon, like attendants ready to serve the Emperor. The mobile furniture takes on an Asian aesthetics and exaggerates the horizontality while also considering physical ergonomics. By incorporating elements such as desks and storage, the furniture implies functions essential to both contemporary, nomadic and traditional lifestyle. The use of solar panels to generate power for lighting brings socio-environmental consciousness for our sustainable future. The playful aspect of some of the pieces, on the other hand, contrasts with the somber history we learn of the palace.

The pieces include formal seatings inspired by the imperial throne, lounge chairs that borrowed its profile from the *Chaise Longue* designed by Le Corbusier and Charlotte Perriand, a garden storage unit, bed, and a see-saw. The furniture pieces explore the use of brass, pottery and lacquer, materials that have a long history in Korean culture and wider Asian culture.

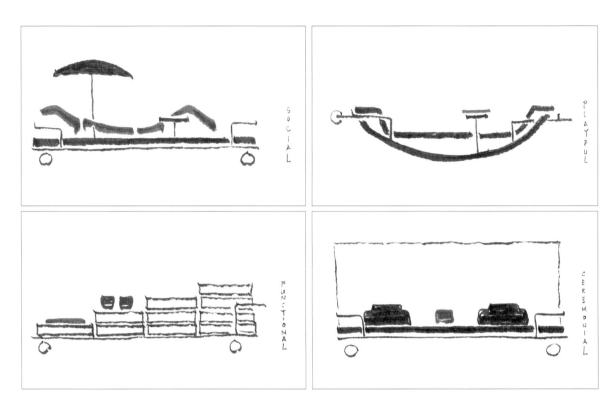

〈전환기의 황제를 위한 가구〉, 드로잉, 2019

Furniture for an Emperor in Transition, drawing, 2019

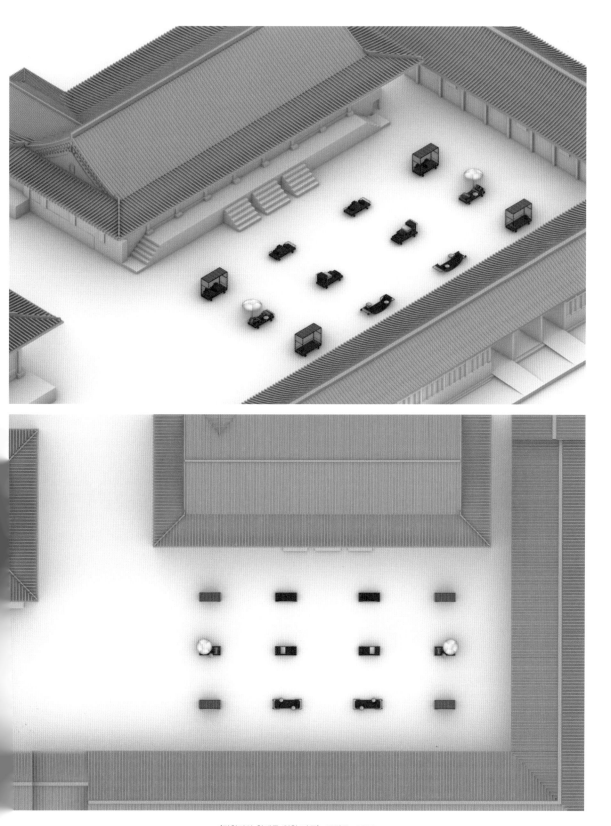

〈전환기의 황제를 위한 가구〉, 조감도, 2019
Furniture for an Emperor in Transition, aerial view, 2019

Furniture for an Emperor in Transition

〈전환기의 황제를 위한 가구〉, 부분 이미지, 2019
Furniture for an Emperor in Transition (detail), 2019

〈전환기의 황제를 위한 가구〉, 설치 전경, 2019

Furniture for an Emperor in Transition, installation view, 2019

〈전환기의 황제를 위한 가구〉, 부분 이미지, 2019
Furniture for an Emperor in Transition (detail), 2019

Furniture for an Emperor in Transition

〈전환기의 황제를 위한 가구〉 설치 전경, 2019

Furniture for an Emperor's Transition, installation view, 2019

〈전환기의 황제를 위한 가구〉, 부분 이미지, 2019
Furniture for an Emperor in Transition (detail), 2019

〈전환기의 황제를 위한 가구〉, 부분 이미지, 2019
Furniture for an Emperor in Transition (detail), 2019

Furniture for an Emperor in Transition

〈전환기의 황제를 위한 가구〉, 남쪽에서 바라본 모습, 2019

Furniture for an Emperor in Transition, view from the south, 2019

대한연향(大韓宴享)

오비비에이

덕수궁은 고종의 재위 말년 정치적 혼란의 주무대가 되었던 장소로서, 역사적으로 가슴 아픈 사건과 기억이 있는 유적지이다. 산자락 아래 터를 잡은 다른 궁과 달리 덕수궁은 도심 한복판 고층빌딩 숲 사이에 자리하며 전통 목조건축과 서양식의 석조건축이 함께 존재함으로써, 과거와 현재 그리고 동양과 서양이 충돌하는 장소적 특징을 가지고 있다.

〈고종임인진연도8폭병풍〉에 기록된 그림을 보면 덕수궁에서 열린 1902년 고종의 망육순(51세)과 고종 즉위 40주년을 기념하기 위한 조선 궁중 마지막 연회의 모습을 볼 수 있다. 나라의 앞길이 희미해져 가고 있을 때 열린 이 연향(궁중잔치)의 참석자들은 기쁜 마음보다는 슬픔과 좌절감이 컸을 것이다. 오비비에이(이소정, 곽상준)는 국가의 존폐 기로에서 황실의 권위를 세우고자 한 마지막 시도이기도 했던 이 연향의 기억을 〈대한연향〉을 통해 슬픔에서 기쁨으로 승화시키고자 한다. 〈대한연향〉은 또 다른 충돌을 위한 매개체이며,

이를 통해 슬픔으로 가득했을 마지막 궁중 연향이 아닌 새로운 연향의 모습으로 치유하기를 소망한다.

〈대한연향〉은 덕수궁 중화전 앞마당 박석 위에 설치된 설치 작품이다. 과거 주요한 국가 의례를 치르기 위한 상징적 공간으로 존재했던 이곳에 설치된 〈대한연향〉은 금속 구조물과 오색반사필름을 사용해 만인산과 같은 전통 그늘막을 본뜬 형태의 연속으로 구성되었다. 오색반사필름은 반사성과 투과성을 동시에 가지는 재료로써, 빛을 반사하기도 하고 때로는 박석 위에 무지개 색의 빛을 투영하기도 한다. 구조물에 매달린 필름들은 시시각각 바람에 반응하며 빛을 산란시키고 춤추듯 화려한 빛의 그림자를 바닥에 드리운다. 〈대한연향〉은 빛과 바람의 충돌을 통해 반사와 투과를 끊임없이 반복함으로써 매 순간 변화하는 새로운 풍경을 자아낸다. 그리고 이를 통해 관람객들로 하여금 주변 환경과 장소를 지속적으로 환시시키게 하며 장소의 역사적 의미를 되새겨 보게 한다.

DAEHAN YEONHYANG

OBBA

Deoksugung Palace was the stage for major events during the political chaos towards the end of Emperor Gojong's reign, and is a historical site for heartbreaking historical events and memories. Deoksugung's unique locality brings together the past and the present, and the east and the west; unlike other palaces that are located at the foot of mountains, Deoksugung is located in the city center amidst skyscrapers, and traditional wooden buildings and western stone buildings coexist inside.

Eight-fold Folding Screen of Royal Banquet in the Imin Year during Emperor Gojong's Reign depicts the scenes from the last palatial feast of the Joseon dynasty in 1902 that celebrated the 51st birthday(*mangyooksoon*) and the 40th anniversary of the accession of Emperor Gojong. This *yeonhyang* (royal banquet) during the time when the future of the country was uncertain would have evoked grief and disheartenment rather than jubilation. *Daehan Yeonhyang* by OBBA (Lee Sojung, Kwak Sangjoon) elevates the grief suffused in the memory of this *yeonhyang* into an elation. *Daehan*

Yeonhyang, a medium for yet another collision, hopes to bring healing through joy to the last *yeonhyang* that is sure to have been weighed with sadness.

Daehan Yeonhyang is a series of installation of dichroic films hanging from metal structures in the form reminiscent of Korean traditional sun shades, such as *maninsan*. It is positioned on the pavement stones of the front yard of Junghwajeon Hall, a symbolic space used for important national ceremonies in the past. Dichoric film is a material that has mirror-effect and transparency at the same time, reflecting light and projecting rainbow colors on the pavement stones. Hanging from the metal structures, the films play with wind to scatter light and cast ornate shadows that resemble a dance. Each moment creates the scenery anew through the endless turns of reflection and projection from the collision of light and wind. The visitors are in this way propelled to constantly look around the ever-changing surroundings, and in turn reflect on the historical meaning of the site.

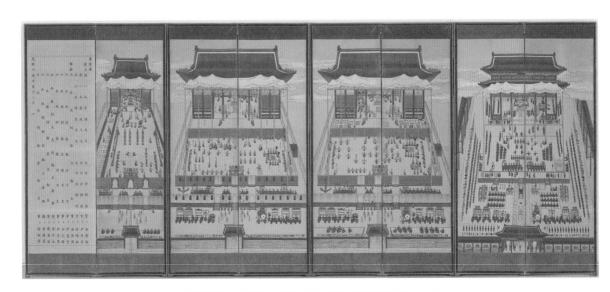

〈고종임인진연도8폭병풍〉, 비단에 채색, 1902. 아모레퍼시픽미술관 소장
Eight-fold Folding Screen of Royal Banquet in the Imin Year during Emperor Gojong's Reign,
color on silk, 1902. Amorepacific Museum of Art Collection

만인산(萬人傘), Ø144cm, 1873. 국립민속박물관 소장
Embroidered Parasol (mainsan), Ø144cm, 1873. National Folk Museum of Korea Collection

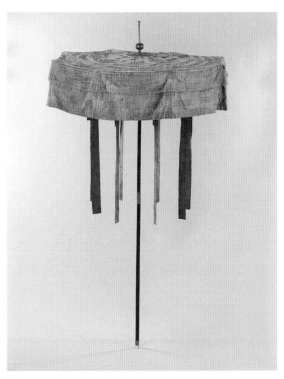

만인산(萬人傘), 250 x 130cm, 1879. 국립민속박물관 소장
Embroidered Parasol (mainsan), 250 x 130cm, 1879. National Folk Museum of Korea Collection

〈대한연향〉, 컨셉 이미지, 2019
Daehan Yeonhyang, conceptual drawing, 2019

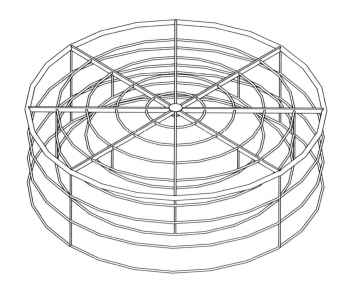

〈대한연향〉, 구성도, 2019
Daehan Yeonhyang, schematic diagram, 2019

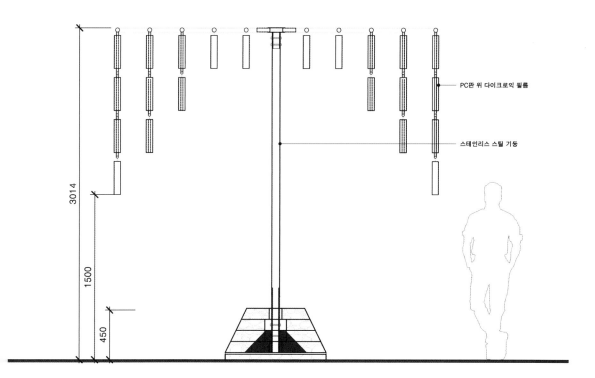

3014

1500

450

PC판 위 다이크로익 필름

스테인리스 스틸 기둥

⟨대한연향⟩, 단면도, 2019
Daehan Yeonhyang, section, 2019

〈대한연향〉, 남쪽에서 중화전 방향으로 바라본 모습, 2019

Daehan Yeonhyang, view from the south towards Junghwajeon, 2019

〈대한연향〉, 부분 이미지, 2019
Daehan Yeonhyang (detail), 2019

〈대한연향〉, 설치 전경, 2019

Daehan Yeonhyang, installation view, 2019.

〈대한연향〉, 서쪽에서 바라본 모습, 2019
Daehan Yeonhyang, view from the west, 2019

〈대한연향〉, 부분 이미지, 2019
Daehan Yeonhyang (detail), 2019

Daehan Yeonhyang

〈대한연향〉, 야간의 설치 전경, 2019

Daehan Yeonhyang, night view, 2019

미래의 고고학자

뷰로 스펙타큘러

뷰로 스펙타큘러(히메네느즈 라이)는 역사 속 중요한 자리를 차지하고 있는 덕수궁에서 머리 위의 공중(空中)을 발굴하기 위한 구조물을 제시한다. 우리가 시간과 맺는 관계는 땅과 맺는 관계이기도 하다. 먼지가 오랜 시간 켜켜이 땅 위에 쌓여 과거를 우리 발 밑 깊은 곳에 자리하게 하기 때문이다. 이번 프로젝트는 4가지의 개념적 틀에서 디자인 원칙을 이끌어냈다.

미래의 고고학자

고고학은 대부분 발굴이라는 행위를 통해 진행된다. 해마다 거리, 건물 그리고 지면에는 먼지와 흙이 조금씩 축적된다. 몇 십 년, 혹은 몇 세기가 지나면서 그렇게 층층이 쌓인 먼지와 흙은 과거의 흔적을 덮는다. 고고학은 과거를 발굴하는 행위이며, 흙을 들어내는 일은 과거를 드러내는 일이다.

지금으로부터 몇 세기가 지나면 우리가 관계를 맺을 땅은 지금보다 상승해 있을 것이다. 그리고

수 천 년 후 덕수궁은 새롭게 쌓인 흙 속에 깊이 파묻혀 있을 것이다. 그 미래의 지층 중 가장 상층에 위치하게 될 지표면은 현재 우리가 관계 맺고 있는 땅에서 수 미터 위에 자리할 것이다.

〈미래의 고고학자〉 프로젝트는 시간 속에 부유하는 미래의 지표면에 맞춰 높은 플랫폼을 만들고 공중을 발굴하는 작업이다. 공중에 존재하는 이 땅덩어리가 몇 세기 후의 미래에는 일상이 될 것이다. 이 상승된 지면은 미래의 그라운드 제로에 위치하며 관람객들은 발 아래로 몇 세기 전인 2019년을 먼 과거로서 바라볼 수 있게 된다.

망루, (여유롭게 분리된) 최종 병기

역사적으로 망루는 영토 분쟁이 일어났을 때마다 매우 중요한 기능을 해 왔다. 망루는 군사시설로서, 방어하는 측이 시야를 확보하게 해주며 대응 및 전략을 준비할 수 있도록 시간과 공간을 벌어주는 역할을 했다.

FUTURE ARCHAEOLOGIST

BUREAU SPECTACULAR

Upon the historically important site of Deoksugung Palace, Bureau Spectacular (Jimenez Lai) proposes a structure that excavates the air above us. Our relationship with time is a relationship with the ground, as layers of dust cover earth over time long enough to place the past deep beneath us. In this project, Bureau Spectacular has four conceptual frameworks that guided their design principles.

THE FUTURE ARCHAEOLOGIST

Archaeology is often performed through acts of excavation. Every year, a few centimeters of dust accumulates on streets, buildings, and landscapes. Over the course of decades or even centuries, layers of earth cover traces of the past. Archaeology is an act of excavating the past. Uncovering earth is uncovering the past.

Centuries from now, our relationship with the ground will only elevate. In thousands of years from now when we look back, Deoksugung will be deeply submerged into the new earth. The layer that is datum will be the top surface, many meters above our current relationship with the ground.

Future Archaeologist excavates the air above. It is an elevated platform to reach a future datum floating in time. This piece of land flying in the sky will be a new normal, centuries from now in the future. It will be situated at a future ground zero, as visitors of this project can look beneath their feet, and in doing so, view centuries below into the year 2019 as a distant past.

MANGRU, THE ULTIMATE WEAPON (OF LEISURELY DETACHMENT)

Historically, watchtowers played very important roles during times of territorial disputes. As a military building typology, watchtowers allowed defendants to gain foresight and to buy time and space for preparation and strategies.

In the Korean context, *mangru* was a predominant type of military lookout. Before space-age mapping technologies were available, to perform surveillance was to exert political power and control. In addition to extra-territorial eagle-eyes, an ability to watch was an ability to

〈미래의 고고학자〉, 컨셉 만화, 2019
Future Archaeologist, conceptual comic strip, 2019

망루는 일반적인 군사 경계시설이었으며,
최첨단의 지도 제작 기술이 존재하기 이전에
'정찰'은 정치적 권력과 통제를 행사하는 일이었다.
감시할 수 있는 능력은 영토 바깥을 볼 수 있는
날카로운 눈인 동시에 영토 내의 안보와 통치를
유지할 수 있게 해 주었다. 현대 한국에서 소셜
미디어 사용자들이 이용하는 디지털 플랫폼의
상호 연결성은 비물질적인 감시의 형태를 구성하고
있으며, 자율성과 유동성을 바탕으로 권력과
통제를 민주화한다.

오늘날 '본다는 것'은 어쩌면 감시와는
조금 거리가 멀고 오히려 분리라는 개념에
더 가까울지도 모르겠다. 사회로부터
물리적인 거리를 어느 정도 확보하면 관점의
여유와 자아 성찰의 여지가 생긴다. 바라보기는
격렬한 순간으로부터 자신을 여유롭게
분리하고 그 다음에 어떤 단계를 밟아야 할지
생각하는 것이다.

야곱의 사다리 VS. 〈계단을 내려오는 누드(NO.2)〉

야곱의 사다리(히브리어로 술람 야코브(סֻלָּם
יַעֲקֹב))는 창세기에 등장하는 족장 야곱이 쌍둥이
형 에서로부터 도망치던 중 꿈속에서 본 천상으로
가는 사다리를 말한다. 야곱의 사다리에 대한
묘사는 창세기 28장 10-19절에 나온다. "야곱은
브엘세바를 떠나 하란으로 가다가, 어떤 곳에
이르러 해가 지자 거기에서 밤을 지내게 되었다.
그는 […] 그곳에 누워 자던 중에 꿈을 꾸었다.
그가 보니 땅에 사다리가 세워져 있고 그 꼭대기는
하늘에 닿아 있는데, 하느님의 천사들이 그
사다리를 오르내리고 있었다."

마르셀 뒤샹의 〈계단을 내려오는 누드(No.2)〉
(1912)는 계단을 오르는 움직임을 역행하는 모습을
보여준다. 이룰 수 없는 목표와 불가능한 과거는 이
프로젝트를 이루는 주요 개념에 포함된다. 천국을
향해 끝없이 올라가는 계단 또는 연옥으로 떨어지는
계단은 모두 목적지보다는 여정에 대한 이야기다.

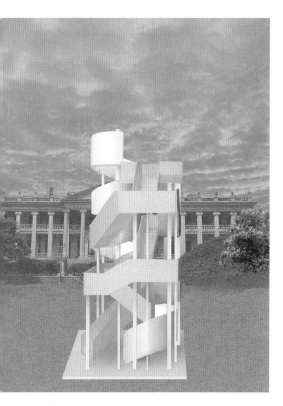

〈미래의 고고학자〉, 초기 렌더링 이미지, 2019
Future Archaelogist, render of design in progress, 2019

maintain intra-territorial security and governance. In contemporary Korea, the interconnectedness of the digital platforms of social identities makes non-physical forms of surveillance—one that democratizes power and control as a self-governed fluid matter of opinions.

Today, to watch is perhaps less related to surveillance, but more connected to ideas of detachment. Gaining some physical distance from the rest of the society affords perspective and the room for self-reflection. To watch is to leisurely detach oneself from the heat of the moment, and to contemplate the next steps forward.

JACOB'S LADDER VS. NUDE DESCENDING A STAIRCASE (NO. 2)

Jacob's Ladder (Hebrew: סלום יעקב Sulam Yaakov) is a ladder leading to heaven that was featured in a dream the biblical Patriarch Jacob had during his flight from his brother Esau in the Book of Genesis. The description of Jacob's ladder appears in Genesis 28:10-19: And Jacob went out from

〈미래의 고고학자〉, 드로잉, 2019
Future Archaeologist, drawing, 2019

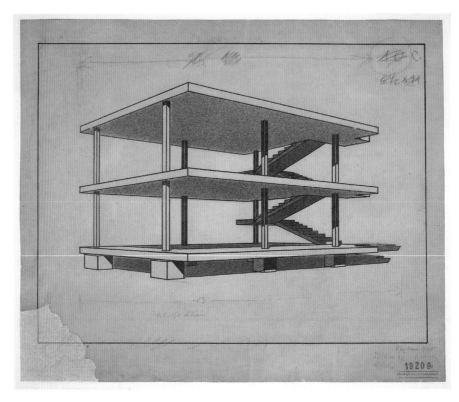

르코르뷔지에, 〈메종 돔-이노〉, 드로잉, 1914
Le Corbusier, *Masion Dom-Ino*, drawing, 1914

연장된 메종 돔-이노

스위스에서 태어나 프랑스에서 활동했던 건축가 르코르뷔지에는 1914년에 '메종 돔-이노'라는 다이어그램을 제시했다. '메종 돔-이노'는 건축 도면의 지위를 개념화했으며, 무엇보다도 20세기 초 '땅'과 그 관계에 대한 이야기였다는 것에 큰 의미가 있다. 우리는 르코르뷔지에의 '현대건축의 5원칙'에서 국제적인 정치 경제의 혁명기에 '땅'이 어떤 위치에 있었는지 읽어낼 수 있다.

땅으로부터 자신을 분리하는 일은 일종의 정치적 분립 선언이다. 동일한 면에 둘 또는 그 이상의 이념적 모델이 공존할 수 있으며, 건축이라는 틀로 묶일 때는 더욱 그렇다. 특히 르코르뷔지에의 '땅으로부터의 분리'라는 개념에서 필로티는 매우 중요한 요소이다. 이전에 존재했던 모든 유럽식 기둥(도리안식, 이오니아식, 코린트식 등)과 달리, 필로티는 처음으로 받침과 기둥머리가 없는 형태를 취했다. 위(기둥머리)와

아래(받침)라는 개념을 거부하고 몸체만 있는 기둥인 것이다. 따라서 르코르뷔지에의 '옥상 정원'과 '자유 평면'에 관한 개념은 모두 정립된 방향성과 기존의 상관관계를 거부함으로써 가능해진 완전한 분리의 행위라고 볼 수 있다.

뷰로 스펙타큘러는 〈미래의 고고학자〉를 통해 '메종 돔-이노'가 시작한 담론을 약 100년이 지난 지금 21세기에 이어나가 보고자 한다. 이 작품에서는 땅을 물리적 시간의 층으로 보고, 아직 우리가 닿지 못한 시간은 공기의 층으로 상정하였다.

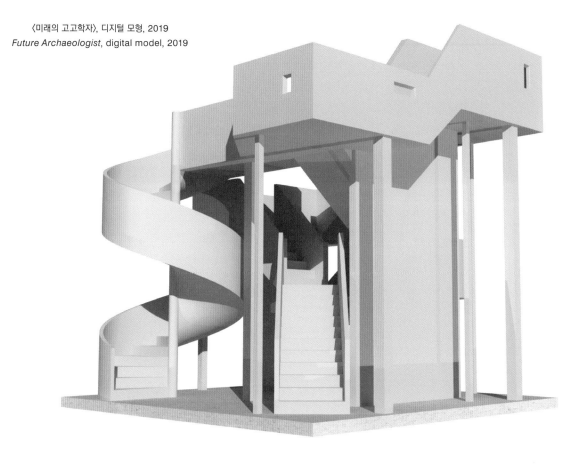

〈미래의 고고학자〉, 디지털 모형, 2019
Future Archaeologist, digital model, 2019

Beersheba, and went toward Haran. And he lighted upon a certain place, and tarried there all night, because the sun was set; ... And he dreamed, and behold a ladder set up on the earth, and the top of it reached to heaven; and behold the angels of God ascending and descending on it.

Marcel Duchamp's *Nude Descending a Staircase (No. 2)* (1912) is a climb of a staircase in the opposite direction. The notion of unattainable goals and impossible pasts is a part of the concept of this project. The endless staircase ascending to a heaven, or descending to purgatory, are both stories about a journey rather than a destination.

ELONGATED MAISON DOM-INO

In 1914, Swiss-French architect Le Corbusier proposed a diagram *Maison Dom-Ino*. This project was an abstraction about the status of the architectural plan. More importantly, *Maison Dom-Ino* was a story about the early 20th century relationship with the ground. In Le Corbusier's Five Points of Architecture, one can read

within it the status of "ground" during a time of international economic and political revolutions.

The act of detaching oneself from the ground is a declaration of political dissociation: upon the same plane, two (or more) ideological models can co-exist, particularly when bracketed by a framework that is architecture. In particular, the piloti is a very important component of Le Corbusier's detachment from the ground. Unlike all of the European columns that came before (Doric, Ionic, Corinthium, etc.), the piloti is the first one lacking both base and capital. It is a shaft-only column that rejects the notion of up (capital) or down (base). Consequently, the idea of the roof garden and the free plan are both acts of total detachment made possible by the rejection of orientation.

Future Archaeologist continues this conversation in the 21st century, nearly 100 years from *Maison Dom-Ino*. This time, Bureau Spectacular regards ground as layers of physical time, as well as layers of air as time we have yet to arrive.

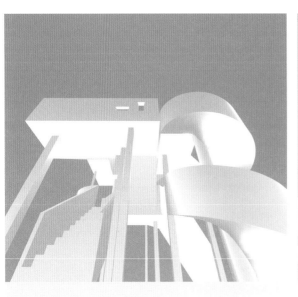
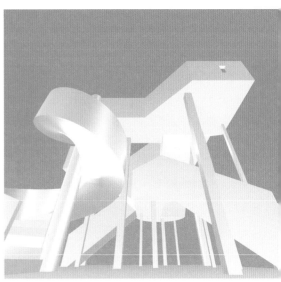

〈미래의 고고학자〉, 부분 투시도, 2019
Future Archaeologist, perspective (detail), 2019

〈미래의 고고학자〉, 입면도, 2019
Future Archaeologist, elevation, 2019

Bureau Spectacular

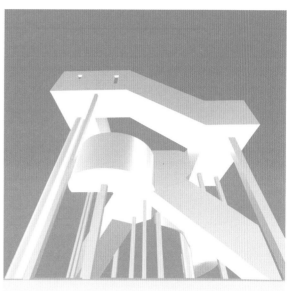

〈미래의 고고학자〉, 부분 투시도, 2019
Future Archaeologist, perspective (detail), 2019

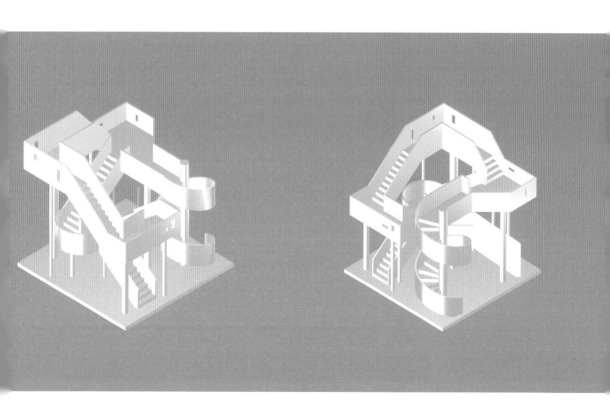

〈미래의 고고학자〉, 투시도, 2019
Future Archaeologist, perspective, 2019

〈미래의 고고학자〉, 설치 전경, 2019

Future Archaeologist, installation view, 2019

〈미래의 고고학자〉, 부분 이미지, 2019
Future Archaeologist (detail), 2019

〈미래의 고고학자〉, 부분 이미지, 2019
Future Archaeologist (detail), 2019

Bureau Spectacular

〈미래의 고고학자〉, 서쪽에서 바라본 모습, 2019
Future Archaeologist, view from the west, 2019

〈미래의 고고학자〉, 작품 상단에서 석조전과 중화전을 바라본 모습, 2019

Future Archaeologist, view from the top towards Seokjojeon and Junghwajeon, 2019

〈미래의 고고학자〉, 설치 전경, 2019
Future Archaeologist, installation view, 2019

Future Archaeologist

영원한 봄

오브라 아키텍츠

그래서 우리는 기계를 통해 미래를 그려 볼 수도, 그 미래를 부정할 수도 있다. 현재 세계를 움직이고 있는 경제 시스템이 소수의 이득을 위해 다수의 노력을 모으고 있다면, 기계는 세상을 우리의 삶의 현장(집)으로 변화시키며 인간을 대신해 그 노력에 힘을 실어준다. 따라서 미래 도시에 비인격적 인공지능이 근본적인 존재로 작동할 것이라는 예측은 놀랍지 않다. 흔히 말하는 '모더니티'(특히 건축에 있어)는 자신의 시간에 관한 통제, 노동에서 벗어난 자아 실현, 그로 인해 진정한 우리 자신이 될 수 있다는 약속을 지키지 못했다. 기계는 이를 실현하기 위한 탁월한 도구이지만, 소수의 소유였던 탓이다. 〈영원한 봄〉은 구체적이면서도 추상적인 기계로 디자인되었다. 궂은 날씨를 만드는 진짜 변수를 찾아 이를 기초적인 방법으로 수정하는 소박한 공간이자 상징적인 의식을 위한 장소이며, 초기술을 향한 모두의 노력이 담긴 공간이다. 그동안 우리가 두려움에 휩싸여 개인주의에 집착한 나머지, 모두가 공유하는 기계에 대한 정당한 소유권을 빼앗겨 왔다면, 대안적 기술을 위해 모두의 노력을 모아 새로운 기계를 발명할 수 있지 않을까?

세계 기후 변화의 위기가 시급하게 해결되어야 할 문제라는 것은 누구나 인지하고 있는 자명한 사실이다. 우리의 미래는 이제 모두의 행복과 공정성이라는 사회적 사안이 아니라 지구가 직면한 기후 변화 문제의 해결에 달려있다. 또한, 점점 많은 사람들이 역사의 시작부터 인간에게 고통을 야기해 왔던 바로 그 힘에 의해 동물의 멸종, 물과 식량의 부족, 치명적인 토네이도와 태풍, 조만간 닥칠 기아 인구의 이주, 기후 불안정으로 인한 미래 전쟁이 유발될 것이라고 인지하기 시작했다.

자유를 위해 행동했던 젊은이들이 꽃피운 문화의 재탄생은 역사적으로 자유, 더 공정한 사회, 완벽하게 민주적인 공동체를 위한 투쟁이 발현되어 이루어졌다. 오브라 아키텍츠(제니퍼 리, 파블로 카스트로)는 서울의 추운 겨울 동안 파빌리온 내부에 인공적인 봄 날씨를 조성하여 관객들에게 선사한다. 이를 통해 〈영원한 봄〉은 '민중의 봄(1848년 혁명)'에서 '프라하의 봄'과 '아랍의 봄'에 이르기까지, 단어 '봄'이 은유적으로 사용되어 온

역사적 흐름 속에서 작은 한 자리를 차지하는 시적 도구가 되고자 한다.

도시 공동체 모임을 위한 건축의 프로토타입

〈영원한 봄〉은 도시 공동체 모임의 기능적 측면을 보여주는 독특한 프로토타입이다. 이 작품은 인공적으로 통제된 온실 기계로 설계된 파빌리온으로서, 우리 시대에 전 지구적 문제로 떠오른 기후 변화에 대한 대중의 관심을 환기시킨다. 형태와 목적을 기능에 결합하여 '기후를 교정하는 기계'로 구현된 이 작품은 의식을 고취시키는 동시에 행동을 제안하는 플랫폼이다. 또한 환경적으로 책임감 있는 플라스틱의 사용에 대한 탐구이기도 하다. 플라스틱은 오늘날 인류의 생산적인 활동에서 필수적인 마법의 재료이지만, 제대로 사용하고 재사용하는 방안이 의논되고 재고되어야 한다.

거대한 곤충의 머리를 연상시키는 〈영원한 봄〉에는 지름 90센티미터의 폴리카보네이트

PERPETUAL SPRING

OBRA ARCHITECTS

And so it is by way of a machine that we can then attempt to prefigure both, some kind of future and its denial at the same time. If the prevalent economic system has provided storage of the efforts of the many for the benefit of the few, the machine is both empowerment and substitute of human agency towards the transformation of the world into a home. It should come as no surprise then, that the anticipated fundamental presence in the coming city of impersonalized artificial intelligence is still that of the machine. The unfulfilled promise of modernity in general, and of the Modern Movement in architecture in particular, is that of finally gaining control over the time of our lives, freedom from labor and the possibility to pursue our self-realization and finally attempt to become who we really should have been. Despite the machine being the preeminent tool in that struggle, it was owned only by the few. *Perpetual Spring* is then intended as both concrete and abstract machine, as a place where the very real parameters of a weather gone awry can be rudimentarily tweaked both as modest example and proposed symbolic ritual, and the repository of collective efforts towards a meta-technology: if the rightful ownership of people's machines has been confiscated in obsessive fixation with individualism — the antidote for fear — , new machines shall be invented through a popular effort towards an alternative technology.

The urgency of the global climate change crisis should be self-evident to all. The situation has developed in such a way that by now the social issues of happiness and fairness to all — the very possibility of a future — have seamlessly morphed into the resolution of the climate crisis the earth is confronting. The massive extinction of animal species, scarcity of water and food, catastrophic tornadoes and typhoons, the impending migration of starving populations, and future wars triggered by climate instability are increasingly acknowledged to be generated by the same forces that have oppressed people since the beginning of history.

The flowering rebirth of culture, driven by freedom-seeking youth has, throughout history, been the manifestation of the struggle for liberation, a more just society and a perfected democratic union of people. Obra Architects (Jennifer Lee, Pablo Castro) proposes to use the artificial creation of spring weather inside the pavilion during the cold months in Seoul as a poetic device that will claim a humble place in the historical progression of the metaphorical use of the word "spring": the Spring of Nations, the Prague Spring, the Arab Spring, and so on.

ARCHITECTURAL PROTOTYPE OF URBAN COMMUNITY GATHERING

Perpetual Spring serves as a one-of-a-kind prototype showcasing the functional aspects of urban community gathering. The pavilion as an artificially-controlled greenhouse machine addresses and brings attention to a pressing global issue of our time: climate change. Combining form and destination with function, the work is proposed as a "climate-correcting machine," both a platform for awareness and an invitation to action. It is an investigation of an environmentally responsible use of plastics. Plastics is a magical material indispensable today to the productive efforts of humanity, yet its proper use and re-use should be discussed and re-considered.

As if it were the head of some giant insect, *Perpetual Spring* is outfitted with 150 "eyes," each a 90 centimeter-diameter polycarbonate

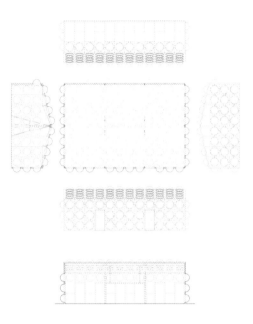
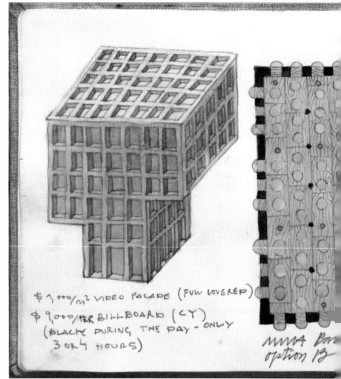

〈영원한 봄〉, 지붕 평면도와 입면도, 2019
Perpetual Spring, roof plan and elevations, 2019

플라스틱 반구로 구성된 150개의 '눈'이 부착된다. 크리스털처럼 빛나는 이 눈들에 의해 밋밋한 금속 덩어리인 파빌리온의 표면은 마치 내부의 강력한 힘에 의해 팽창하려는 것처럼 돌출되어 있다. 이 눈들은 내부와 외부를 모호하게 가르며, 추운 날씨에도 풍부한 양의 햇빛을 들여보내 파빌리온의 내부 공간을 따뜻하게 유지시켜 줄 것이다.

인공적으로 기후를 교정하는 기계처럼 작동하는 이 작품은, 태양광 패널을 포함한 가변적 기후 통제 시스템을 갖추게 된다. 미술관 지붕에 설치된 태양광 패널은 파빌리온에 설치된 자동 배기 송풍기, 알루미늄 포일 커튼, 바닥의 온돌 시스템에 전력을 공급하며, 이를 통해 파빌리온의 내부의 온도를 안정적으로 조절하고 봄과 같은 날씨를 지속하게 한다. 파빌리온에는 가을과 겨울에 걸친 전시 기간 동안에도 식물이 자라나며, 방문객들은 스크린에 영사된 이미지를 통해 실시간으로 전 세계의 기후와 환경 관련 정보를 받게 된다.

데모 프로젝트

〈영원한 봄〉은 표현의 장으로서 도시의 당면 과제, 기후 변화, 우리의 환경과 미래에 대한 대중의 관심을 환기하는 기회를 마련하고자 한다. 오브라 아키텍츠의 공공 플랫폼은 예술, 기술, 공학을 융합한 건축물임과 동시에 사회적 메시지를 전하는 공간이다.

이 프로젝트는 대중이 자유롭게 표현 할 수 있는 장소를 만드는 것 자체가 오늘날 이 도시의 재생산과 확장의 방식에 질문하는 급진적 행위라는 발상에서 출발했다. 따라서 혹한의 날씨에도 대중 강연이나 시 낭독, 연극, 음악과 춤 공연, 다채로운 주제의 토론회, 독서모임 등 다양한 용도로 사용될 수 있도록 시민에게 개방되었다. 또한 전시 기간 내 특별 손님들을 초대하여 세계 기후 문제의 시급성과, 진정한 민주주의 정부 및 보편적 정의의 희박한 가능성이 교차하는 지점에 관련된 다양한 쟁점들을 같이 이야기해보고자 한다.

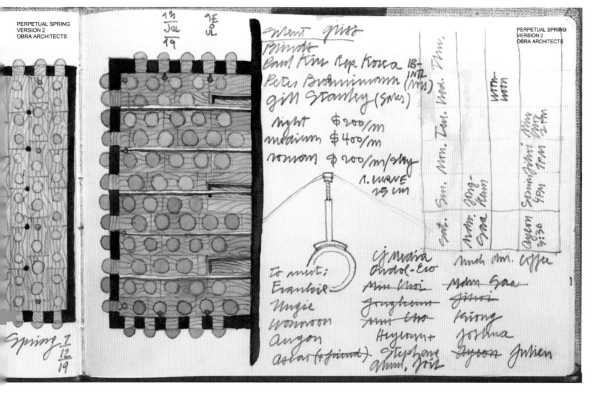

〈영원한 봄〉을 위한 드로잉과 메모, 2019
Drawing and notes for *Perpetual Spring*, 2019

plastic semi-sphere. These crystalline luminous "eyes" bulge out of the pavilion's otherwise dull metallic mass as if compelled to expand by an overwhelmingly strong internal force. They ambiguously separate interior and exterior, while generously allowing into the space the sunshine that will contribute towards keeping the space warm during the cold days of fall and winter.

As an artificial climate-correcting machine, *Perpetual Spring* is outfitted with a variable climate control system including photovoltaic panels on the museum's nearby roof. These panels power automatic exhaust fans, aluminum foil curtains and a phase-change radiant floor-heating system in order to stabilize and balance temperatures inside the space and preserve permanent spring weather-like conditions. Plants inside the pavilion will be grown during the fall and winter months, while a visual display informs visitors in real time about climatic and environmental data on a global scale.

A DEMONSTRATION PROJECT

This project is a demonstration to focus public attention on issues of the city, climate change, our environment, and the future. It is both a work of architecture of a combined effort of art, technology, and engineering, and a platform for broadcasting people's messages.

Founded on the idea that creating a space of free public expression is a radical way of questioning how the city is reproduced and expanded today, *Perpetual Spring* serves as a space of public use and activity. Offering a place of comfort during days of severe weather, the pavilion is an open access venue for a variety of uses including lectures, poetry readings, theater, music, dance performances, discussion groups of all kinds and book club sessions. Special guests will also be invited to talk about issues related to the intersection between the urgency of global climate crisis and the prospects for the unlikely rise of authentic democratic rule and universal justice.

Perpetual Spring

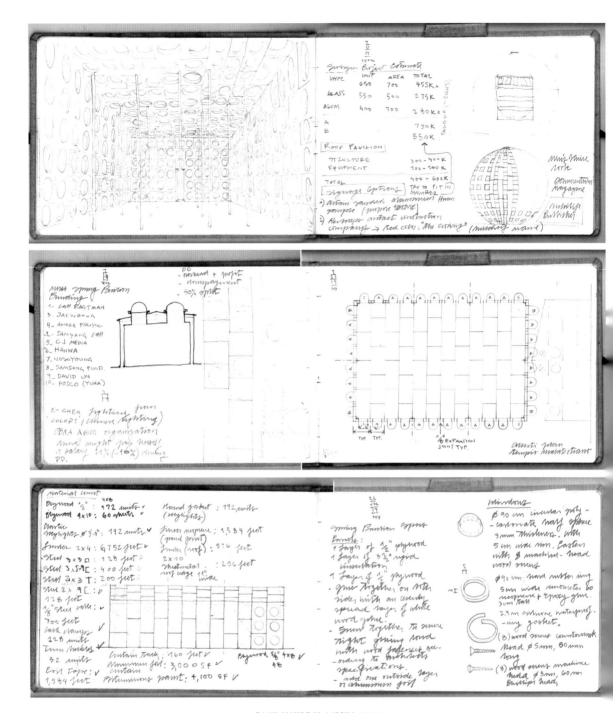

오브라 아키텍츠의 스케치북, 2019

Spreads from Obra Architect's sketchbook, 2019

Obra Architects

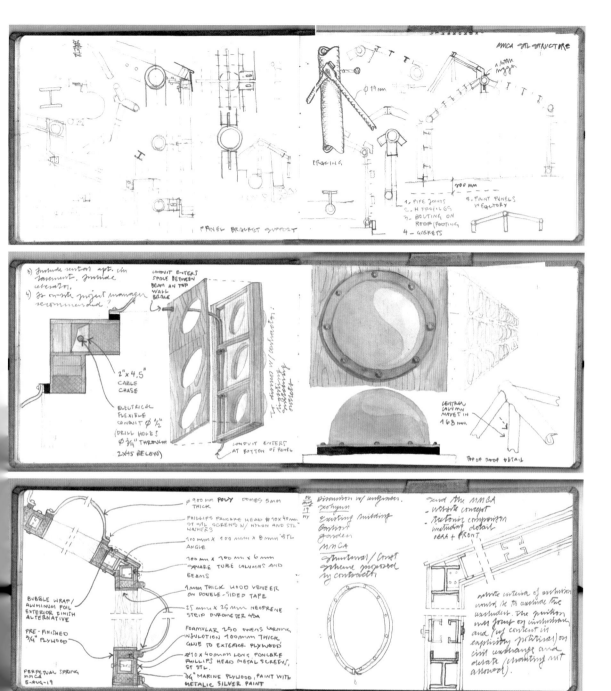

오브라 아키텍츠의 스케치북, 2019
Spreads from Obra Architect's sketchbook, 2019

Perpetual Spring

〈영원한 봄〉, 설치 전경, 2019
Perpetual Spring, installation view, 2019

〈영원한 봄〉, 부분 이미지, 2019
Perpetual Spring (detail), 2019

Perpetual Spring

〈영원한 봄〉, 내부, 2019

Perpetual Spring, interior view, 2019

⟨영원한 봄⟩, 설치 전경, 2019
Perpetual Spring, installation view, 2019

Perpetual Spring

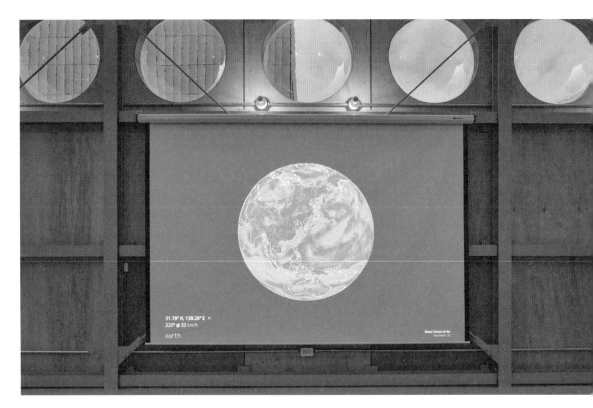

〈영원한 봄〉, 부분 이미지(실시간 지구 기후 데이터 시각자료), 2019
Perpetual Spring (detail, real-time visual display of global climate data), 2019

〈영원한 봄〉, 서쪽 외벽, 2019
Perpetual Spring, west façade, 2019

〈영원한 봄〉, 내부에서 동쪽을 바라본 모습, 2019
Perpetual Spring, interior view looking out the east, 2019

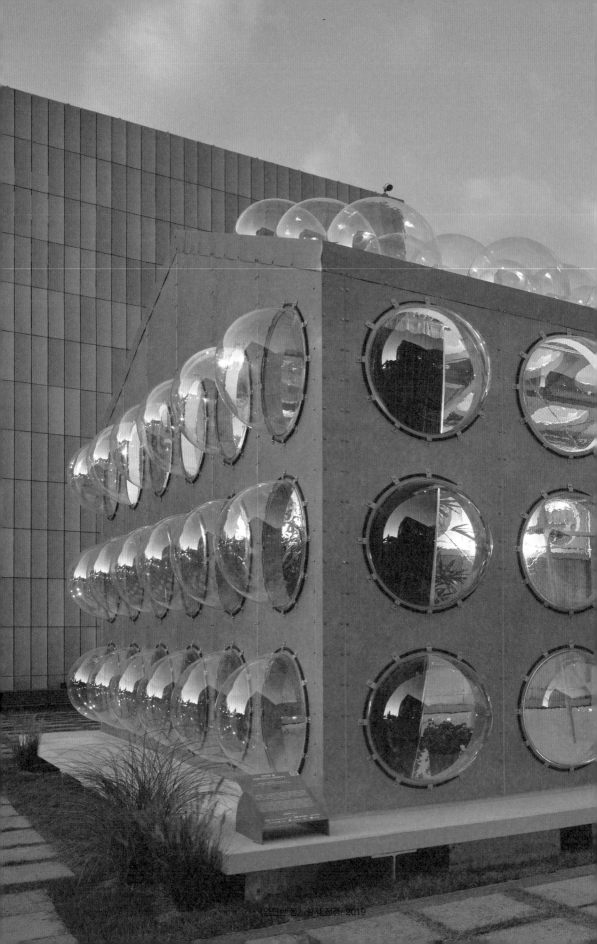

Perpetual Spring, installation view, 2019

필자 및 작가 소개

이지회

이지회는 국립현대미술관의 건축 학예연구사다. 아시아에서 활발히 활동하고 있는 다섯 건축가 팀인 뷰로 스펙타큘러, CL3, OBBA, 오브라 아키텍츠, 스페이스 파퓰러의 작품을 덕수궁과 국립현대미술관의 서울 마당에서 선보인 2019년 건축전시 《덕수궁 - 서울 야외 프로젝트: 기억된 미래》를 기획했으며, 2018년에는 큐레이터 매슈 애프런과 함께 필라델피아 미술관과 국립현대미술관의 협업 전시 《마르셀 뒤샹》을 통하여 필라델피아 미술관의 소장품 중 약 150 여 점에 이르는 마르셀 뒤샹 작품을 선보인 바 있다. 건축영화 감독인 일라 베카와 루이즈 르모안의 작품을 소개했던 건축영화 특별 상영프로그램 《베카 & 르모안: 생활밀착형 건축일기》를 기획하기도 했던 그녀는 2017년 이플럭스 건축과 국립현대미술관이 공동 주최한 국제 심포지엄 〈슈퍼휴머니티: 인간은 어떻게 스스로를 디자인하는가〉를 진행했으며, 카트린 말라부, 육휘, 마크 와시우타, 에마 아리사 등이 참여한 동명의 출판 프로젝트에도 공동 편집자로 참여했다. 같은 해에 열린 서울도시건축비엔날레에서는 커먼 어카운츠(아고르 브라가도, 마일스 거들러)의 전시 《세 개의 일상적 장례식》을 선보였으며, 국립아시아문화전당의 '새로운 유라시아 프로젝트' 큐레이터로 작가 박경과 함께 3년간 이 프로젝트를 이끌었다. 2014년 베니스 비엔날레 국제건축전의 한국관 전시 '한반도 오감도'의 부 큐레이터이자 사무국장으로 참여해 최고 국가관상인 황금사자상을 수상했으며, 플라토 삼성미술관의 전시 《매스스터디스 건축하기 전/후》의 협력 큐레이터로도 활동했던 이지회는 런던 골드스미스 대학교에서 예술비평을, 뉴욕 컬럼비아 대학교 건축대학원에서 건축 큐레이팅을 전공했다.

가브리엘레 마스트리글리

가브리엘레 마스트리글리는 로마를 중심으로 활동하는 건축가이자 비평가이다. 네덜란드 로테르담의 베를라허 인스티튜트와 코넬대학교의 로마 프로그램에서 강의했으며, 현재는 이탈리아에 위치한 카메리노 대학교의 아스콜리 피체노 건축디자인학교에서 이론 및 건축 디자인 과정의 부교수로 재직 중이다. 그의 글은 일간지 『일 메니페스토』를 비롯해 『도무스』, 『로그』, 『로터스 인터내셔널』 등의 다양한 저널에 게재되었다. 또한 렘 콜하스의 에세이 선집 『정크 스페이스』(이탈리아어판 Quodlibet, 2006; 프랑스어판 Payot, 2011), 『슈퍼스튜디오: 1966-1978』(Quodlibet, 2016) 등을 편집한 바 있다. 2007년에 마스트리글리는 로마 21세기 현대미술관(MAXXI)에서 열린 《네덜란드-이탈리아: 10점의 건축물》전을 기획했으며, 2008년에는 제11회 베니스 비엔날레 국제건축전의 이탈리아관 큐레이터 중 한 명으로 참여했다. 2014년에는 렘 콜하스가 총감독을 맡은 제 14회 베니스 비엔날레 국제건축전의 본전시 《근본(Fundamentals)》에 초대되어 설치 작품 〈슈퍼스튜디오: 연속적 기념비의 비밀스러운 삶〉을 선보였다. 슈퍼스튜디오가 피렌체에서 탄생한지 50주년을 맞은 2016년에는 로마 21세기현대미술관에서 회고전 《슈퍼 스튜디오50》을 기획했으며, 이 전시는 2017-2018년 상하이의 파워 스테이션 미술관에서도 선보였다.

안창모

안창모는 서울대학교 건축학과를 졸업한 후 동 대학원에서 석박사 학위를 취득했다. 미국 컬럼비아대와 일본 도쿄대에서 객원 연구원을 지냈으며 현재 경기대학교 건축학과 교수로 사회사와 기술사로서의 근대건축 역사를 연구하며 역사문화환경 보존 활동에 참여하고 있다. 한국건축역사학회 부회장을 역임하고 근대도시건축연구회 대표, 문화재청 문화재위원, 서울시 미래유산 도시관리분과위원장으로 활동하고 있다. 저서로는 『한국 현대건축50년』, 『덕수궁』, 『평양건축 가이드북(독어/영어, 공저)』, 『서울건축가이드북(공저)』이 있고, 2014년 베니스건축비엔날레에서 서울과 평양의 도시와 건축을 비교 전시한 한국관의 공동큐레이터로 황금사자상을 수상했다.

스페이스 파퓰러

스페이스 파퓰러는 런던 건축협회 건축학교를 졸업한 스페인 출신의 라라 레스메스와 스웨덴 출신의 프레드리크 헬베리가 2013년 방콕에 설립한 종합 디자인 연구소이다. 2016년부터는 런던을 중심으로 활동하고 있으며, 그들의 작업은 가구와 인테리어 디자인, 건축, 가상 현실 등을 아우른다. 유럽과 아시아에서 석조 구조물, 정치적 토론의 공간, 재생 가능한 재료와 가상 건축물 등에 대한 연구와 워크숍을 이끌어온 스페이스 파퓰러는, 유리를 가상 현실로 향하는 문이 되도록

BIOGRAPHIES

Lee Jihoi

Lee Jihoi is a curator at the Museum of Modern and Contemporary Art (MMCA), Korea. At MMCA, she curated *Architecture and Heritage: Unearthing Future* in 2019, an architectural intervention at Deoksugung Palace and MMCA Seoul Museum Madang with five architects active in Asia: Bureau Spectacular, CL3, OBBA, Obra Architects, and Space Popular. In 2018, she organized *The Essential Duchamp* exhibition with Matthew Affron presenting approximately 150 collections of the Philadelphia Museum of Art. She also curated *Beka & Lemoine: Through the Lens of Domesticity*, a mini-retrospective of architectural filmmakers Ila Beka and Louise Lemoine. She hosted *Superhumanity: Post-Labor, Psychopathology, Plasticity*, a symposium and a publication project with e-flux Architecture in 2017, with authors including Catharine Malabou, Yuk Hui, Mark Wasiuta, and Arisa Ema. That year she also curated an exhibition of Common Accounts (Igor Bragado & Miles Gertler), *Three Ordinary Funerals* at the first Seoul Biennale of Architecture and Urbanism. She was the Curator of a three-year research project with Kyong Park, *Imagining New Eurasia* from 2015 onward at the Asia Culture Center, Gwangju. She was the Deputy Curator and Managing Director for *Crow's Eye View: The Korean Peninsula* for the Korean Pavilion at the 2014 Venice Architecture Biennale, which received the Golden Lion. Lee also was the Associate Curator for *Before/After: Mass Studies Does Architecture* at PLATEAU, Samsung Museum of Art in Seoul. She is a graduate of Columbia University's Graduate School of Architecture, Planning and Preservation in the City of New York, and Goldsmiths, University of London.

Gabriele Mastrigli

Gabriele Mastrigli is an architect and critic based in Rome. He has taught at the Berlage Institute Rotterdam and Cornell University Rome Program, and currently, he is an Associate Professor of Theory and Architectural Design at the University of Camerino's School of Architecture and Design of Ascoli Piceno. His articles and essays appeared in the national daily *il manifesto* and in various journals including *Domus*, *Log and Lotus international*. He edited Rem Koolhaas' collection of essays *Junkspace* (in Italian by Quodlibet, 2006; in French by Payot, 2011) and *Superstudio. Opere 1966–1978* (Quodlibet, 2016). In 2007, he curated the exhibition *Holland-Italy: 10 Works of Architecture* at MAXXI, the National Museum of XXI Century Arts in Rome, and in 2008, he co-curated the Italian Pavillion at the 11th Venice Architecture Biennale. In 2014, he was invited to participate in *Fundamentals*, the main exhibition curated by Rem Koolhaas at the 14th Venice Architecture Biennale where he presented the installation *Superstudio: The secret life of the Continuous Monument*. On the occasion of the 50th anniversary of the Florentine group's foundation, he curated the retrospective exhibition *Superstudio 50* which opened at MAXXI in 2016, and travelled to the Power Station of Art, Shanghai in 2017–2018.

Ahn Chang-mo

Ahn Chang-mo graduated from the Department of Architecture and Architectural Engineering at Seoul National University, where he also received his master's and doctor's degrees. He was a visiting researcher at Columbia University in the United States and the University of Tokyo, Japan, and currently researches modern architectural history as social and technological history and participates in the preservation of the historical and cultural environment as a professor of architecture at Kyonggi University. He has served as the vice president of the Korea Association of Architectural History and stays active as the representative of Modern Urban Architecture Research Association, the cultural heritage committee member of Cultural Heritage Administration, and the head of urban administration at the Seoul Metropolitan Government Future Heritage department. He authored *50 years of Korean Contemporary Architecture*, and *Deoksugung Palace*, co-authored *Architectural Guide: Pyongyang* (German/English), and *Architectural Guide: Seoul*, and was awarded the Golden Lion at the 2014 Venice Architecture Biennale as a co-curator of the Korean Pavilion, which presented a comparative exhibition on urbanscape and architecture of Seoul and Pyeongyang.

Space Popular

Lara Lesmes (Spain) and Fredrik Hellberg (Sweden), both graduates of the Architectural Association in London, founded Space Popular in Bangkok in 2013. Based in London since 2016, their practice works at multiple scales: from furniture and interior design to architecture and virtual worlds. They have led a wide range of research and workshops in Europe and Asia and investigated topics including masonry structures, space of political debate, renewable materials and virtual architecture. These subjects have been examined

제작한 2017년 설치 프로젝트 〈유리 체인〉을 통해 유리의 새로운 가능성을 보여주거나, 2018년 베니스 비엔날레 국제건축전에서 선보인 새로운 목재 건축 시스템 프로토타입 〈팀버 허스〉를 이용해 누구나 혼자서 집을 지을 수 있는 방법을 제시하는 등, 그들이 연구해온 이론을 다양한 분야를 넘나드는 작업으로 확장하고 있다. 방콕의 INDA와 런던 건축협회 건축학교 등에서 학생을 가르쳐온 레스메스와 헬베리는 2016년 런던 건축협회 건축학교의 학부생들로 이루어진 연구팀 '건축을 위한 도구(TFA, Tools For Architecture)'를 조직하고 경험이 중심이 되는 새로운 디자인의 개발을 이끌고 있다. 또한 전 세계를 무대로 강연과 객원 평론 등에 참여하며, 유럽과 아시아에서 다채로운 건축 프로젝트와 전시를 진행하고 있다.

씨엘쓰리

코넬 대학교 출신의 건축가 윌리엄 림이 1992년 홍콩에 설립한 CL3는 호텔, 레스토랑, 백화점, 기업 등을 위한 다양한 건축과 인테리어 디자인 프로젝트를 통해 다수의 수상 경력을 쌓아왔다. 윌리엄 림은 시시각각 변화하는 현대 아시아 도시의 구성 요소들을 반영하면서도, 도시 문화 유산의 본질에 충실한 디자인을 추구한다. 2003년과 2011년에 홍콩의 랜턴 원더랜드 프로젝트에 참여했던 그는 2006년과 2010년에는 베니스 비엔날레 국제건축전, 그리고 2007년과 2009년, 2012년에는 홍콩·선전 도시건축 바이-시티 비엔날레에 참가한 바 있다. 그의 작업은 홍콩과 청두, 한국, 미국, 네덜란드 등지에서 전시되었으며, 설치 작업 〈웨스트 가우룽 대나무 극장〉은 2013년 '아시아 디자인

어워드'에서 대상과 문화 특별상을 수상했다. 문화 예술의 후원자로서도 인정받고 있는 윌리엄 림은 아시아 소사이어티 재단의 갤러리 자문 위원회, 아시아 아트 아카이브의 이사회와 홍콩 문화 레저국 산하의 미술관 자문단에 소속되어 있으며, 이 밖에도 아트 바젤 시티즈 이니시에이티브의 자문 위원회, 테이트 미술관의 아시아 태평양 지역 선정 위원회, 코넬 대학교 건축 학부의 자문 위원회와 중국 자문단에서 활동하고 있다. 윌리엄 림은 2018년 사바나 예술디자인대학으로부터 명예박사 학위를 수여 받았다.

오비비에이

오비비에이(Office for Beyond Boundaries Architecture)는 2012년 이소정과 곽상준이 서울에 설립한 디자인 그룹이다. 오비비에이는 일상의 모든 것들에 대한 비판적 시각을 토대로, 급변하는 현대사회의 흐름 속에서 발생하는 다양한 문제점들을 관찰하며, 이 시대의 건축과 예술, 그리고 문화적 사회현상을 탐구하고 있다. 또한 다중적 의미의 경계에 관심을 가지고, 통합적인 시각이 바탕이 된 복합적인 해결책을 추구한다. 건축, 공공예술, 설치 작업 등 다양한 작업을 통해 세상과의 관계 만들기를 실험하고 있는 이들의 건축 프로젝트는 문화체육관광부 선정 '젊은 건축가상'(2014)과 '젊은 예술가상'(2018)을 비롯해, '서울시 건축상' 우수상(2015, 2017, 2018), '한국건축문화대상' 우수상(2016), '경기도건축문화상' 동상(2017), '전라북도 건축문화상' 금상(2018), '서초 건축상' 대상(2018) 등을 수상했다. 2015년 『아키텍처럴 레코드』에서 선정하는 '차세대 세계

건축을 이끌어 갈 10팀의 건축가(디자인 뱅가드 어워드)'에 선정된 오비비에이는 2018년 벨기에 브뤼헤 트리엔날레에서 설치 작업 〈부유하는 섬〉을 선보였으며, 브뤼셀의 한국 문화원에서 개인전을 진행한 바 있다. 오비비에이는 국내외를 무대로 다양한 규모의 프로젝트와 설치 작업을 진행함과 동시에 다수의 전시, 강연 등에 참여하며 왕성한 활동을 이어가고 있다.

뷰로 스펙타큘러

미술, 건축, 역사, 정치, 사회, 언어, 수학, 그래픽 디자인, 만화 등 다양한 분야를 통해 문화를 탐구하는 뷰로 스펙타큘러는 로스앤젤레스에 기반을 두고 활동하고 있는 문화 프로젝트 그룹으로, 건축을 통해 문화의 서사를 새로이 쓰고 있는 히메네즈 라이가 2008년 설립하여 지금까지 이끌어 오고 있다. 스토리텔링, 디자인, 이론, 평론, 역사 등을 융합하여 만화로 표현한 그의 작업은 설치, 오브제, 인테리어 디자인과 건축물로 제작되어 현실 세계에 등장한다. 뉴욕 현대미술관에 소장되어있는 설치 작업 〈흰 코끼리〉(2011)를 비롯한 그의 많은 작품들이 전 세계에서 전시되고 출판되어 왔으며, 그레이엄 재단의 지원을 받아 프린스턴 아키텍처럴 프레스에서 출판된 그의 첫 저서 『갈 곳 없는 시민들』(2012)의 두 번째 초안은 뉴욕의 뉴뮤지엄 아카이브에 보관되어있다. 미국건축연맹의 '젊은건축가상'(2012), 리스본 건축 트리엔날레의 '신인상'(2013)과 2017 디자인 마이애미/바젤이 수여하는 '미래의 디자이너상' 등 다수의 상을 수상한 히메네즈 라이는 2014년 대만을 대표해 제14회 베니스 비엔날레 국제건축전에 참가했다. 2015년에 그레이엄 재단의 전시와 출판 프로젝트 《트리스티즈》를 이끌기도

ith their cross-disciplinary approach through a diverse body of work such s *The Glass Chain* (2017), a project xploring an alternative future for glass s a window to the virtual world, and he *Timber Hearth* (2018), a prototype r a new timber building system r DIY home-builders, which was esented at the Venice Architecture iennale in 2018. The duo has xtensive teaching experience at INDA Bangkok and the Architectural ssociation in London, and they ave lectured and participated as siting critics internationally. In the ll of 2016 they launched Tools for rchitecture (TFA), where they lead research unit formed by a team of rchitecture undergraduate students at e Architectural Association. Work at FA aims to develop new experience riven design methods. Beyond their cademic experience, Space Popular as ongoing and realized built projects nd exhibitions in Europe and Asia.

CL3

ounded by William Lim, a graduate 'Cornell University, in Hong Kong 1992, CL3 is a multi award-inning design studio creating rchitectural and interior projects r hotel, restaurants, retail and orporate clients. William Lim's esign commitment is one that looks to specting the rapidly changing urban bric of modern Asian cities, while aying true to their core cultural eritage. He participated in Lantern Vonderland project in Hong Kong in 003 and 2011, and showed his work the Venice Architecture Biennale 2006 and 2010, and the Hong ong & Shenzhen Bi-City Biennale 'Urbanism/Architecture in 2007, 009 and 2012. Lim's work has been xhibited in Hong Kong, Chengdu, orea, the United States, and the etherlands, and his installation, *West*

Kowloon Bamboo Theatre (2013) won the Grand Award and Special Award for Culture in Design for Asia Awards in 2013. As a respected art patron, Lim currently sits on the Gallery Advisory Committee for the Asia Society and the Board of Asia Art Archive, and is one of the Museum Expert Advisers for Hong Kong's Leisure & Cultural Services Department. Beyond Hong Kong, he is on the Advisory Board for the Art Basel Cities Initiative and a member of the Asia-Pacific Acquisition Committee for Tate Museum, as well as an Advisory Council Member and Member of the China Advisory Board of the College of Architecture, Art and Planning at Cornell University. He received Honorary Doctor of Arts and Sciences from Savannah College of Art and Design in 2018.

OBBA

OBBA (Office for Beyond Boundaries Architecture) is a design group founded in Seoul in 2012 by Sojung Lee and Sangjoon Kwak. Taking a critical view on daily lives, they examine various problems of the fast-evolving contemporary society and explore architectural, artistic, and cultural phenomena of today. OBBA's practice focuses on seeking blended solutions based on comprehensive perspectives, and experimenting with building a relationship with the world through diverse formats including architecture, public art, and installations, while having a keen interest in the borders of multi-faceted significations. OBBA won the Korean Young Architects Award (2014) and the Young Artist Award (2018) from the Ministry of Culture, Sports and Tourism of Korea as well as numerous other awards including an excellence award for architects from the city of Seoul (2015, 2016, 2018), excellence award at the Korean Architecture

Award (2016), bronze prize of the Gyeonggi Architecture Award (2017), gold prize of the Jeonbuk Architecture Award (2018), the grand prize of the Seocho Architecture Award (2018), and in 2015, they were selected for the Design Vanguard Award as one of the 10 emerging leading architects around the world by *Architectural Record*. In 2018, they were invited to show their installation, *The Floating Island*, at the Bruges Triennial of Belgium and their work was the subject of a solo exhibition at the Korean Cultural Center in Brussels. OBBA stays active, working on architectural projects and installations of various scales, and taking part in numerous exhibitions and lectures nationally and internationally.

Bureau Spectacular

Founded in 2008, Bureau Spectacular is a group of individuals who engage culture through the contemplation of art, architecture, history, politics, sociology, linguistics, mathematics, graphic design, technology, and graphic novels. Based in Los Angeles, Bureau Spectacular is led by Jimenez Lai, who rewrites cultural narratives using architecture as a medium. He works with stories conflating design, theory, criticism and history into cartoon pages, and these cartoon narratives swerve into the physical world through architectural installations, designed objects, interiors, and buildings. Lai's work is widely exhibited and published around the world. His installation *White Elephant* (2011) is now part of the Museum of Modern Art (MoMA) collection, and Draft II of his first manifesto, *Citizens of No Place* (2012), published by Princeton Architectural Press with a grant from the Graham Froundation, has been archived at the New Museum in New York. He has

했던 그는 시러큐스 대학교, 코넬 대학교, 컬럼비아 대학교 등의 대학에 출강해왔으며, 그의 작업은 뉴욕 현대미술관뿐만 아니라 샌프란시스코 현대미술관, 시카고 미술관, 로스앤젤레스 카운티 미술관 등에 소장되어 있다.

오브라 아키텍츠

오브라 아키텍츠는 2000년 파블로 카스트로와 제니퍼 리가 뉴욕에 설립한 건축 사무소이다. 서울시 공공건축가로도 활약 중인 이들은 대규모 마스터플랜에서부터 가구, 인테리어 디자인, 공공미술까지 다양한 규모와 범주의 프로젝트를 진행하고 있으며, 최첨단의 기술을 적용함과 동시에 환경을 고려하는 디자인을 추구한다. 오브라는 540명의 어린이들을 위한 베이징의 유치원을 비롯해 제 1회 서울도시건축비엔날레 주전시의 공간 디자인, 옥상에 파빌리온을 설치한 분당의 건물, 뉴욕, 뉴저지와 아르헨티나의 주택 개발 사업 등의 건축 프로젝트 외에도, MoMA PS1, 구겐하임 미술관, 중국 국립 미술관, 프랑스 오를레앙 프라크 센터 등에서 전시를 통해 그들의 작품을 전 세계에 선보여 왔다. 2006년 MoMA PS1의 '젊은 건축가 프로그램'에서 우승한 오브라는 2014년과 2016년에 베니스 비엔날레 국제건축전에 참여하였고, 2014년 '김수근 프리뷰상'과 6번의 'AIA NY 디자인 어워드'를 포함한 다수의 수상 경력을 가지고 있다. 크랜브룩 아카데미, 로드 아일랜드 스쿨 오브 디자인 등 미국의 대학교는 물론 유럽과 아시아의 대학교에서 강의를 해온 파블로 카스트로와, 쿠퍼 유니언 대학교, 프랫 인스티튜트, 한국예술종합학교 등에서 강의했던 제니퍼 리는 세계 각지의 주요 기관과 학교에서 강연과 대담에 꾸준히 참여하고 있다. 파블로 카스트로는 미국 건축가 협회의 정회원(FAIA)이자 로마 아메리칸 아카데미의 로마 프라이즈 선임 연구원이며, 친환경 인증 전문가(LEED AP)이기도 한 제니퍼 리는 쿠퍼 유니언의 '도시 건축 분야의 떠오르는 신진 건축가'로 선정된 바 있다.

won numerous awards, including the Architectural League Prize for Young Architects (2012), the Début Award at the Lisbon Architecture Triennale (2013), and the 2017 Designer of the Future Award at Design Miami/Basel. In 2014, Lai represented Taiwan at the 14th Venice Architecture Biennale, and in 2015 organized an exhibition and publication project, *Treaties*, at the Graham Foundation. Lai has taught at various universities, including Syracuse University, Cornell University, and Columbia University, and alongside MoMA, his works can be found in the collections of major museums including San Francisco Museum of Modern Art, Art Institute of Chicago, and Los Angeles County Museum of Art.

Obra Architects

Obra Architects was founded in New York City in 2000 by Pablo Castro and Jennifer Lee. Obra's work spans the realms of architecture on all scales, from master planning and institutional work to interiors, furniture, and public art. The firm deploys and develops unique design solutions involving the latest technology and environmental thinking. Their recently completed or ongoing projects include a kindergarten for 540 schoolchildren in Beijing, the design of the main exhibition for the first Seoul Biennale of Architecture and Urbanism, a building with roof pavilion in Bundang, and residential developments in New York, New Jersey and Argentina. Obra's work has been exhibited widely at museums around the world including MoMA PS1, the Solomon R. Guggenheim Museum, the National Art Museum of China, and the Frac Centre in Orléans, France. Winner of the 2006 MoMA PS1 Young Architects

Program and participant in the Venice Architecture Biennale of 2014 as well as 2016, Obra is the recipient of numerous awards including the 2014 Kim Swoo Geun Preview Prize and six AIA NY Design Awards. Pablo Castro, who has taught at universities in Europe, Asia and the U.S. including Cranbrook Academy of Arts and Rhode Island School of Design, and Jennifer Lee, who has likewise taught at various universities including The Cooper Union in New York City and Korea National University of Arts in Seoul, continue to give lectures and talks at prestigious institutions and schools across the globe. Pablo Castro is a Fellow of the American Institute of Architects and Rome Prize Fellow of the American Academy of Rome, and Jennifer Lee is a LEED Accredited Professional and an Urban Visionary Emerging Talent of the Cooper Union for the Advancement of Science and Art in New York.

작품 목록 LIST OF WORKS

pp.50–67
스페이스 파퓰러
〈밝은 빛들의 문〉
2019
LED 스크린, 거울, 철
250 × 300 × 60 cm
Space Popular
Gate of Bright Lights
2019
LED screens, mirror, steel
250 × 300 × 60 cm

pp.68–85
씨엘쓰리
〈전환기의 황제를 위한 가구〉
2019
철, 나무, 신주, 천, 파라솔, 대나무 매트,
바퀴, 옻나무 오일, 태양광 조명
가변설치
CL3
Furniture for an Emperor in Transition
2019
Steel, wood, brass, fabric, parasol, bamboo
mat, wheels, lacquer tree oil, solar lights
Dimensions variable

pp.86–103
오비비에이
〈대한연향(大韓宴享)〉
2019
스테인리스 스틸, 폴리카보네이트 판,
다이크로익 필름, 돌, 모래,
태양광 조명
가변설치 (각 300 × Ø235 cm)
OBBA
Daehan Yeonhyang
2019
Stainless steel, polycarbonate plates,
dichroic films, stone, sand, solar lights
Dimensions variable (300 × Ø235 cm each)

pp.104–121
뷰로 스펙타큘러
〈미래의 고고학자〉
2019
철, 콘크리트, 태양광 조명
700 × 700 × 700 cm
Bureau Spectacular
Future Archaeologist
2019
Steel, concrete, solar lights
700 × 700 × 700 cm

pp.122–139
오브라 아키텍츠
〈영원한 봄〉
2019
폴리카보네이트 돔, 나무, 철, 온돌,
네오프렌 가스켓, 콘크리트, 고밀도
단열재, 발포폴리스티렌, 태양광 패널, 조명
1500 × 760 × 500 cm
Obra Architects
Perpetual Spring
2019
Polycarbonate domes, wood, steel,
underfloor heating system,
neoprene gaskets, concrete, rigid insulation,
expanded polystyrene, solar panels, lights
1500 × 760 × 500 cm

참여작가 및 협력

스페이스 파퓰러
: 라라 레스메스, 프레드리크 헬베리
— 디자인팀: 루드비그 홀멘
— 도움 주신 분: 김현숙
　단청 수리기술자 766호

씨엘쓰리
: 윌리엄 림

오비비에이
: 이소정, 곽상준
— 디자인팀: 이제혁, 한다비,
　여환종, 백은화
— 구조 자문: 터구조 (박병순)
— 조명 자문: 뉴라이트

뷰로 스펙타큘러
: 히메네즈 라이
— 디자인팀: 박경은, 멘 유샨,
　지아신 시, 데이비드 무사, 마이클
　데프레즈, 제이크 파킨
— 도움 주신 분들: 누 엔지니어링
　(매슈 멜니크), 케일 밀러, 티엔 첸,
　박진희

오브라 아키텍츠
: 제니퍼 리, 파블로 카스트로
— 디자인팀: 조진경, 리안유안 예,
　마르게리타 토마시, 조훈구, 이판
　뎅, 알레한드라 아렌드, 루비 강,
　송 간, 아티커스 리
— 협력 파트너: ㈜프론트, 오브라
　에이빔, ㈜무한글로벌, 아룹, 알란 우
— 기후 데이터 제공: 카메론 베카리오
— 도움 주신 분들: 이택광, 승현준,
　CJ 재단, 그린 드링크 서울,
　감이디자인랩, 샤우 디자이 사무소,
　현지산업, 슈퍼매스 스튜디오,
　찰스 부사다, 조인숙, 테레사 조,
　앤드류 이, 캐서린 제르미어,
　저스틴 해리스, 잭 영갤슨, 트레이시

허머, 데이비드 카를린, 리 케,
김원숙, 토머스 클레멘트, 이아연,
알리 김, 이혜승,
이지수, 이종두, 이종근, 문성희,
혜연 & 스테판 모, 디트마르
오펜후버, 헬렌 박, 팀 파트리지,
피터 시먼즈, 지나 손, 그레고리
리, 미셸 & 호세 토레시야,
윤수련, 이상암

ARCHITECTS AND COLLABORATORS

Space Popular
: Lara Lesmes, Fredrik Hellberg
— Design Team: Ludvig Holmen
— Special thanks to: Hyunsook
Kim (Cultural Heritage Repair
Engineer for Dancheong No. 766)

CL3
: William Lim

OBBA
: Sojung Lee, Sangjoon Kwak
— Design Team: Jehyeok Lee,
Dabee Han, Hwanjong Yeo,
Eunhwa Baek
— Structural Consultant: Thekujo
(Byungsoon Park)
— Lighting Consultant: Newlite

Bureau Spectacular
: Jimenez Lai
— Design Team: Kyoung Eun Park,
Men Yushan, Jiaxin Shi, David
Musa, Michael Deprez,
Jake Parkin
— Special thanks to: Matthew
Melnyk (Nous Engineering),
Cale Miller, Tien Chen,
Jinhee Park

Obra Architects
: Jennifer Lee, Pablo Castro
— Design Team: Jin Kyung Cho,
Lianyuan Ye, Margherita
Tommasi, Hun Gu Cho, Yifan
Deng, Alejandra Ahrend, Ruby
Kang, Song Gan, Atticus Lee
— Collaborators: Front Inc.,
Obra Abim, Moohan Global,
Arup, Alan Woo
— Climate Data: Cameron Beccario
— Special thanks to: Alex Taek-
Gwang Lee, Sebastian Seung, CJ
Foundation, Green Drinks Seoul,
Gami Designlab, Shawoo Studio,
Hyunji Industry Co., Supermass
Studio, Charles Busada, Insouk

Cho, Theresa Cho, Andrew
Yi, Catherine Germier, Justine
Harris, Jack Youngelson, Tracey
Hummer, David Karlin, Li Ke,
Wonsook Kim, Thomas Clement,
Ahyeon Lee, Ali Kim, Haeseung
Lee, Jisoo Lee, Chongdoo Lee,
Jongkeun Lee, Sunghee Moon,
Heyonn & Stephane Mot, Dietmar
Offenhuber, Helen Park, Tim
Partridge, Peter Simmonds, Gina
Sohn, Gregory Lee, Michele &
Jose Torrecilla, Sooryun Youn,
Sang Am Lee

덕수궁 - 서울 야외 프로젝트: 기억된 미래

2019. 9. 5.
– 2020. 4. 5.
덕수궁, 국립현대미술관 서울
미술관 마당

국립현대미술관

학예 총괄
강승완

전시 총괄
임근혜
임대근

전시 기획
이지회

전시 진행
김혜연

홍보
이성희
윤승연
장현숙
박유리
김은아
기성미
신나래
장라윤
김혜림
이민지
김홍조

교육
교육문화과

보존
범대건
박소현
조인애
최점복
성영록

작품 제작·설치
㈜조영산업
염동인
김순주
김용곤
방소영
정구창

제작 코디네이터
구예나

그래픽 디자인
프랙티스

전시 운영
㈜오운
정진아
이정미
송혜인
지승민
나일주
구나혜
손진혁
최현록
유문희
윤희경
홍의숙

덕수궁관리소

총괄
김동영

진행
이상희
유하경

ARCHITECTURE AND HERITAGE: UNEARTHING FUTURE

September 5, 2019
– April 5, 2020
Deoksugung Palace,
MMCA Seoul
Museum Madang

MMCA

Chief Curator
Kang Seungwan

Supervised by
Lim Jade Keunhye
Lim Dae-Geun

Curated by
Lee Jihoi

Curatorial Assistant
Kim Heyeon

Public Relations and
Marketing
Lee Sunghee
Yun Tiffany
Chang Hyunsook
Park Yulee
Kim Eunah
Ki Sungmi
Shin Narae
Jang Layoon
Kim Hearim
Lee Minjee
Kim Hong Jo

Education
Department of Education
and Cultural Programs

Conservation
Beom Daegeon
Park Sohyun
Cho Inae
Choi Jeombok
Sung Youngrok

Production/Installation
Joyeong Industry Co. Ltd.
Yeom Dongin
Kim Soonju
Kim Yonggon
Bang Soyoung
Jung Goochang

Production Coordinator
Ku Yena

Graphic Design
Practice

Exhibition Management
o-un
Jung Jina
Lee Jungmi
Song Hyein
Ji Seungmin
Na Ilju
Gu Nahye
Sohn Jinhyeok
Choi Hyeonrok
Yoo Moonhee
Yun Heekyung
Hong Euisuk

Deoksugung Palace Management Office

Management
Kim Dongyoung

Coordination
Lee Sanghee
Yoo Hagyeong

발행일
2019. 11. 30.

발행인
윤범모

발행처
국립현대미술관
03062 서울시 종로구
삼청로 30
02 3701 9500
www.mmca.go.kr

총괄
강승완

편집
이지회
김혜연

자료조사
안지형

글
이지회
가브리엘레 마스트리글리
안창모
라라 레스메스
프레드리크 헬베리
윌리엄 림
이소정
곽상준
히메네즈 라이
제니퍼 리
파블로 카스트로

번역
김정화
류한원

디자인
프랙티스

인쇄
인타임

ISBN
978-89-6303-226-9 93600

가격
21,000원

Publication Date
November 30, 2019

Publisher
Youn Bummo

Published by
National Museum of
Modern and Contemporary
Art, Korea
30 Samcheong-ro,
Jongno-gu, Seoul
03062 Korea
+82 2 3701 9500
www.mmca.go.kr

Supervised by
Kang Seungwan

Edited by
Lee Jihoi
Kim Heyeon

Research
Ahn Jhee Hyoung

Contributions
Lee Jihoi
Gabriele Mastrigli
Ahn Chang-mo
Lara Lesmes
Fredrik Hellberg
William Lim
Lee Sojung
Kwak Sangjoon
Jimenez Lai
Jennifer Lee
Pablo Castro

Translation
Sophie Kim
Ryu Hanwon

Design
Practice

Prinitng
Intime

ISBN
978-89-6303-226-9 93600

Price
KRW 21,000